キャリアカウンセラーのためのスーパービジョン

経験代謝理論によるカウンセリング実践ガイド

立野了嗣

Ψ
金剛出版

はじめに

❶ 本書出版の契機となった問題

2016年，それまで標準レベルキャリアコンサルタントと一般に呼ばれていた民間資格が国家資格化され，「キャリアコンサルタント」という名称の資格が誕生した。

時代の要請，国の政策誘導もあり，今後ますますその専門性は社会のさまざまな部分に浸透し，根付いてくるはずである。それは，この国の文化を成熟の方向に導く素晴らしい社会インフラとなるだろう。しかし，制度の発展・定着には大きな条件の整備という課題が残されている。

その条件とは大きく分けて2つある。ひとつにはキャリアカウンセラーの専門性を明確にするということである。もうひとつは，「キャリアカウンセリングならでは」の場の設定である。キャリアカウンセリングだからこそ実現できる場，つまり「キャリア形成」を促す場づくりである。後者に対して筆者は，現在，厚生労働省が展開する「セルフ・キャリアドック」にその可能性を観ている。

「キャリアカウンセラーの専門性の明確化」，そして「キャリア形成の場づくり」，この2つは，キャリアカウンセリングが社会に定着し，市民権を得るための車の両輪である。

主に本書がテーマとしているのは，キャリアカウンセラーの専門性である。

キャリアカウンセラーの専門性の維持向上に関しては，それを支える指導体制，または継続学習体制の問題がある。それに対しては「スーパービジョン」というアプローチが有効である。

「スーパービジョン」とは，キャリアカウンセリングも含めカウンセリングの分野では，実践活動をしているキャリアカウンセラーに対する，彼らが実施したケースに関する指導である。それは有効な手段であるが，現在の日本ではキャリアカウンセリングを指導できるスーパーバイザーはごく少数である。為に，全国

のキャリアカウンセラーがスーパーバイザーの下で直接スーパービジョンを受けることは，時間や場所などの物理的な制約があり大変困難である。そうかと言ってスーパーバイザーが全国に配置されるのを待っていては，日本におけるキャリア形成は進まない。

　そうした現状に一石投じようと執筆したのがこの書籍である。

　本書では，キャリアカウンセラー（キャリアコンサルタント）を中心としながら，介護職者，学校教師など，広く対人支援職者に対して，キャリアカウンセリング（キャリアコンサルティング）技法を，その背景理論（経験代謝理論）と共に述べていく。

　この本で著そうとした内容は，いかに効果性の高いキャリアカウンセリングを行うかである。しかし，技法の解説だけではない。キャリアカウンセリングスキルの上達を目指している訳であるが，自分が行ったキャリアカウンセリングをどう考えれば良いか，むしろ吟味の仕方を意識した。キャリアカウンセリングを実践していらっしゃる方が，自身のケースを振り返り，「いったいどうすれば良かったのか」を，本書を手引きに"考えて"いただくための内容とした。

① S-SV（Self Study-Supervision）について

　本書のキーコンセプトでもある，S-SVについて説明する。

　最初のSは，Self Study（セルフスタディ）の頭文字をとっている。つまり，自習教材であることを示している。次のSVはSupervision（スーパービジョン）の略称である。日本キャリア開発協会ではスーパービジョンを，「スーパーバイザーの下で，キャリアカウンセラーが行ったキャリアカウンセリングの記録（音声記録，映像記録，逐語記録）を通して，次回当該相談者に対して行われるキャリアカウンセリングを，より良いモノとするための営み」と説明している。

　S-SVとは，キャリアカウンセリングを行った者（例えば，あなた）が，自分自身への問いかけを中心に自身のキャリアカウンセリング能力の向上を進めていく方式を示している。

②どのように問いかけていくのか

　"どうすべきか"の前にまず，"どうして，そうしたか"と問いかけることに本書は焦点を当てている。キャリアカウンセリングでの介入，つまり相談者に対するキャリアカウンセラーからの個々の具体的対応——"どのように話したか""どのような態度を取ったか"——などに焦点を当てるのではなく，まずそのような

介入をしたキャリアカウンセラー自身のキャリアカウンセリングに対する「モノの見方，考え方」に焦点を当てている。

③学習者がスーパーバイザー

「外在化」，という言葉がある。心に在る事柄（心象）を，言葉や文字，絵画などの媒体を使い，客観的に表現し，「外」に表すことをいう。経験はそれが客観的（"語り"や"文章"）に表現された場合，"語り"や"文章"を通して，その人の「モノの見方，考え方」を窺うことができる。

キャリアカウンセリングで相談者が語った経験は，相談者の心が外在化したモノであり，同様にそのキャリアカウンセリングの記録（逐語録，音声記録，映像記録）は，キャリアカウンセラーがこれまでに蓄えたキャリアカウンセリングに関する知識や経験など，キャリアカウンセリングに関する考え方が外在化したモノと言える。このように外在化され，客観化された「キャリアカウンセリング」は，評価・検討の対象とすることができる。

本書の目的は，その記述がスーパーバイザー役を果たすことである。

スーパービジョンを，生身の人間であるスーパーバイザーによってではなく，この書籍のガイドにより実施し，読者自身が行ったキャリアカウンセリングを，自身がスーパーバイザーとなって評価・検討する。書籍を通したスーパービジョンである。キャリアカウンセラー自身が，自分が行ったキャリアカウンセリングのケースに「映る」自身の専門性，つまり外在化された自身の専門能力を自分自身で評価し，課題を見つけ出していくための手法と考え方を展開していく。

もちろん熟練のスーパーバイザーと同様のスーパービジョンができる訳ではない。熟練のスーパーバイザーとの違いは，個々のケースに現れたスーパーバイジーの課題に対する洞察力の深度が大きいと言える。その違いを踏まえた上であえて言うならば，その課題を洞察する（「どうして，そうしたか」）主体は，スーパーバイザーの下であっても，あくまでもキャリアカウンセラー（スーパーバイジー）本人である。自分自身を振り返り，ケースに現れた課題とその背景にあるさまざまな個人的経験や専門性に関する知識や理解に思いを致す主体者である。逆にこの振り返り（内省）が浅ければ，スーパービジョンの効果は薄い。スーパーバイジーの内省のないところに成長はないのである。内省の促しについても，もちろん熟練のスーパーバイザーにはその力量も求められるところではある。だが，課題を洞察する能力，その課題について内省を促す能力は，かなり高度な能力が要求される。熟練のスーパーバイザーであっても高いハードルであ

る。S-SVにおいてスーパーバイザーは存在しない。その面においては属人的要素による弊害は避けることができる。しかし，その反面，この書籍の内容，構成が問われることは承知している。

② 経験代謝理論に基づいたキャリアカウンセリング

本書で展開されるキャリアカウンセリングは，経験代謝という考え方に基づいている。「経験に映る自分を，観る」という考え方を中心としたキャリアカウンセリングの理論である。相談者が語る経験に，相談者の「モノの見方，考え方」，つまり自己概念（「ありたい自分」に意味づけられた「モノの見方，考え方」）が投影されている。それによって相談者に対して，キャリアカウンセラーが「経験に映る相談者自身を観る」ことを促す。

S-SVの考え方もこの構造に沿っている。自身が行ったキャリアカウンセリングのケース（経験）に映ったキャリアカウンセラーたる自分自身を観ること（内省）を通して，自身の専門性の検証を図ることを目的としている。

①つながり

経験代謝理論の中心概念のひとつを「つながり」と考える。「つながり」と聞くと，一般的に「人と人のつながり」を連想される方が多いかもしれない。ここで考える「つながり」はそれだけではない。「つながり」は自己概念の成長を促す心のメカニズムである。しかし，そのメカニズムは「つながり」を阻む方向にも機能する。時にそれらが，悩みや不都合な問題を生み出す。キャリアカウンセリングは，心のなかで自分が排除している部分と，今までの自分が認めていた部分とをつなげていく「つながり」を考えるアプローチである。見たくない，受け入れたくない自分自身とつながることで，受け入れがたい出来事や事柄とつながり，受け入れがたい他者とのつながりができると考える。

②自己概念

もうひとつの中心概念は「自己概念」である。「自己概念」は，自分自身と自分を取り巻く世界に対して抱く「モノの見方，考え方」，いわゆる「自分らしさ」である。自己概念のなかに，出来事に対して感じたり考えたりする際に，その人なりの「良い」と思う方向が反映されている。また逆に「良くない」「離れたい」という方向も反映されている。

　日常で遭遇するさまざまな出来事，楽しい経験，悲しい経験，嬉しい経験，普通の経験。"その"出来事に対して誰もが楽しい思いや，悲しい思いをする訳ではない。出来事に意味づけする自分，これを「自己概念」にある中核機能と考える。それは，出来事に対する意味づけとともに，何か（例えば，行動）をする必要があれば，その行動の方向をも示す。つまり，この自己概念の中核機能は人生を，またキャリアを方向付け，形作るエネルギー，原動力を内包していると考える。この方向を持ったエネルギーを「ありたい自分」と名付けている。

　「自己概念」と「ありたい自分」，その結果として生み出される「つながり」，これらがキャリアカウンセリングの中心概念である。

　自己概念の成長とは，「つながり」を自分の心の内にも，自分を取り巻く環境（人や事柄）にも広げ，深めていくことである。

③「人」と「社会」

　キャリアカウンセリングは，個人の「つながり」を通し，社会へとつながっていく。

　「つながり」は，「人と人」だけでなく，「会社と会社」「組織と組織」，もっと大きく言うと「国と国」のつながりも含み，同様の考え方で展開していくことができるのではないかと考える。例えば，ある国が大きな社会問題を国内で抱えていると，国内の問題と関連した形の問題を，他国との間で引き起こしているように見受けられる。他国に対する認識の仕方は，国内の問題が反映してつながっているわけである。「学業成績の優劣（つまり外部基準）が個人の幸福を左右する」つまり，好成績を取った者が幸せな人生を送ることができる，ということが「常識」とされる社会で育った者は，自らの幸福の基準を外部（所有や所得など）に求める自己概念を持つかもしれない。そしてそのような人々は，他者指向的な社会を構成するかもしれない。社会の状況は個人の人生の背景要因として働き，個人の自己概念は社会を構成する。

　キャリアカウンセリングとは，個人の「つながり」を通して，「人と人」「人と組織」などさまざまなレベルでの「つながり」を作って影響を及ぼしていくことなのではないか。キャリアカウンセリングは政治ではない。国や会社などに直接的に働きかけるということではない。我々キャリアカウンセラーが働きかける対象は個人である。自分たちの目の前にいる個人に働きかけることで，個人の背景に広がる社会につなげていくことを意識していく必要があると考える。

以下の文章は，筆者が日本キャリア開発協会のイベント（「CDA会員一万人達成記念大会」）にて，大会スローガン「共に生きる」に寄せた文章である。

● 共に生きる（2012年5月）

　社会の仕組みは「共に生きる」が基本です。これはスローガンではなく，人間性に根ざした自然な在り様です。

　「共に生きる」は，競争を排除するものではありません。競争は困難を乗り越え，能力を獲得する原動力。しかし他者を打ち負かす為の競争は，やがて社会にひずみを生み，勝者もその負担を負わなければなりません。

　人間誰しも求めることは「受け入れられる」こと，されたくないのは「排除される」ことです。「受け入れる」ことが「受け入れられる」ことでもあり，「排除すること」ことが「排除される」ことにつながります。「共に生きる」前提は，他者を受け入れ，他者に受け入れられることです。

　一人の人間の心の中にも嫌いな自分，認めたくない自分など「受け入れがたい」自分が潜んでいます。しかし，そんな「自分」も「受け入れられる」ことを望んでいます。「受け入れがたい」他者は，「受け入れがたい自分」の他者に映った自分の影かもしれません。「受け入れがたい」自分を「受け入れる」ことは，「受け入れがたい」他者を「受け入れる」ことに繋がります。社会の仕組みと同様に，一人の人間としても「共に生きる」が基本です。

　人も，お金も，情報も，国境を越えてさまざまな国のさまざまな人に伝わります。経済をはじめとしたさまざまな社会活動は，その国一国で完結されるものではありません。アジアの国々と「共に生きる」日本，世界の国々と「共に生きる」日本であり，お互いに支えあい，受け入れあい，共に生きる時代です。

　若者が人口の大半を占めた時代，地位の上昇，収入の増大，ものに囲まれた豊かな暮らしが幸せを保証すると思えた時代でもありました。

　現在日本では65歳以上人口が全体の23％，ほぼ4人に1人が65歳以上である超高齢化社会がすぐそこにやってきています。

　国の安全が保たれ，医療が進歩し，食料の心配が少なくなれば，日本に限らず，その国はやがて高齢化の道をたどることになります。いきおい社会福祉の費用が増大し，かつての生産性を維持できなくなるかもしれません。

　かつて世界中どこの国も経験しなかったこの超高齢化社会の中で幸福に暮

らせるための仕組みやライフスタイルを受け入れ，「共に生きる」社会を実現したいと考えます。

　キャリアカウンセリングとは何か。それは「共に生きる」社会を実現することではないかと考えています。

2020年3月

立野了嗣

本書の構成

　本書は「基礎編」と「応用編」に分かれており，以下のように構成している。

第 I 部－基礎編

第1章－自己概念の成長——キャリアカウンセリングの目的

　キャリアカウンセリングの目的である自己概念の成長について，概念図と事例を示し，「自己概念」とは何なのか，「自己概念の成長」とは何かを解説している。

第2章－経験代謝理論

　キャリアカウンセリングの目的，「自己概念の成長」を，実際のキャリアカウンセリングでどのように進めていくのか，経験代謝を「経験から学ぶ"学びの構造"」とし，段階を追ってその構造を解説している。

第3章－セルフスタディ・スーパービジョン（S-SV）

　自身が実施したキャリアカウンセリングを振り返る S-SV 実施のための準備について解説している。これは，キャリアカウンセリングの振り返り準備でもあり，同時に今後行うキャリアカウンセリング実施の準備にもなる。

第4章－事例研究——ワークブック

　実際のキャリアカウンセリングの事例（7事例）を通してやりとりのポイントを示すとともに，経験代謝理論をベースにいくつかの演習を示した。事例を通じて経験代謝をどう展開するかを学ぶことができる。

第 II 部－応用編

第1章－自己評価と評価の視点——「レンズ」を用いる

　「レンズ」とは，メタファーである。自身が実施したキャリアカウンセリング事例の評価の視点を「レンズ」という名称の下にまとめた。基礎編・第2章で解説した経験代謝のメカニズムを技法として分解し，約40項目に分け，個々の特徴について解説している。

第2章－スーパービジョン事例

　スーパービジョンの対象となったキャリアカウンセリングの逐語録とそれに対する演習問題，およびそのスーパービジョンの逐語録を掲載し，解説を行っている。

キャリアカウンセラーのためのスーパービジョン

経験代謝理論によるカウンセリング実践ガイド

目次

第Ⅰ部

基 礎 編

第1章

自己概念の成長
キャリアカウンセリングの目的

1 はじめに

キャリアカウンセリングの目的は「自己概念の成長」と考える。そして「自己概念の成長」とは、「つながりの幸福」へと向かうプロセスである。つまり、「ありたい自分」に意味づけられたつながりを、社会の方向にも、自分のなかにも広げていくことである。端的に表現すると、「自己概念の成長」は「つながりの幸福」である。

「つながりの幸福」は、「つながり」が幸福をもたらす要因である、という意味を含んでいる。そしてその逆、幸福でないことを、不幸と言ってもいいかもしれない。不幸は、「つながり」を阻害するような行為や考えが、それをもたらすと考えられる。例えば断絶、隔離、拒絶、否認、無視、敬遠、防衛などである。自分と関係のないモノとして切り離し「つながり」を否定する意味を含んだ表現である。

不幸には否定的ニュアンスが強い。その手前の不愉快、違和感、モヤモヤ、そのような気持ちの背景にも「つながり」とは逆向きの「つながり」を否定するような何らかの行為や考え、感情の存在が感じられる。

人は「つながり」が阻害されたときに悩み、「つながり」を感じたときに喜びや幸せを感じるのではないだろうか。

本章では、「自己概念の成長」の構造を示し、次章ではそれを促すための具体的アプローチ手段として経験代謝のメカニズムを紹介する。

2 「自己概念の成長」の構造

キャリアカウンセリングはキャリア形成のために行われる。それは、自明のことのように思われるかもしれないが、実際のキャリアカウンセリングを受けに来

る，つまりキャリアカウンセラーのところに相談に来る相談者の多くに，「キャリア形成のために相談に来ている」という意識はない。彼らは，「悩み」「不安」「心配」「やっかいな問題」を抱えて相談に来る。「悩み」「不安」「心配」「やっかいな問題」，これらを一括して「悩み」という言葉を使うとすると，相談者は何らかの出来事によって「悩み」を経験し，そのことを相談に来るのが現実である。

　誤解を避けるために強調するが，キャリアカウンセリングの目的は，「自己概念の成長」である。「悩み」は，「自己概念」が成長するための「きっかけ」や「材料」として重要視するが，「悩み」だけが「自己概念の成長」の「きっかけ」や「材料」ではない。「嬉しい」「楽しい」「普通」のコトもキャリアカウンセリングの対象であり，それらを通して「自己概念の成長」をはかることは当然できる。

❸ 「悩み」と「自己概念の成長」

　まず，「悩み」が「自己概念の成長」につながった事例を2つ紹介する。
　「悩み」の背景に「つながり」の阻害があるということを頭の隅に置きながらお読みいただきたい。

事例 1 「介護を苦にする女性」

　佐藤（仮称）さん（50歳女性）は，夫と息子の3人暮らし。先頃，義理の母が亡くなり，義理の父が一人，家（夫の実家）に残されてしまった。やや認知症の兆候も出はじめ，3カ月前に佐藤さんは家族3人で夫の実家で義理の父と同居することになった。

　食事のときなど，夫は父に厳しく当たる。佐藤さんは，それを見るととても嫌な気分になる。佐藤さんは，あるとき，友人でもあるキャリアカウンセラーAに相談した。Aは佐藤さんに「ご主人がお父さまに厳しく接する様子が，佐藤さんにはどのように観えるのか」と問いかけた。佐藤さんは，Aからの問いかけを受けて「夫の様子がどのように観えていたか」を自分に問いかけた。そして，佐藤さんは，「義父の介護はとても嫌なことだ」と思っている自分が観えた。そして今まで「『嫌だ』と思う自分の気持ちに蓋をして，感じないようにと振る舞ってきた，無理をしている自分に気づいた」とのことであった。

　それから佐藤さんは，義理の父への介護に対する見方が変わり，心理的な抵抗が軽減されたとのことであった。佐藤さんは，その変化について「頑張っている

自分を褒めてあげる気持ちになった」という。

事例2「突然の人事異動に悩む男性」

　多角的に事業を展開する大手企業の住宅販売セクションの営業部に所属する山本（仮称）さんは、あるとき、さまざまな事情が重なり、営業部から総務部に異動になった。営業から総務への異動は、「営業部で成績が上がらなかった人物」と見られる風潮が社内にあったが、山本さんは営業成績を上げていた。異動後半年、「どうして、俺が総務に……」と悶々とした日々を過ごしていた。

　そんなとき、山本さんは社内のキャリアカウンセラーBのところに相談にやってきた。Bは、山本さんに「仕事で実現したいことは何なのか」と問いかけた。山本さんはいろいろ考えた末に「（自身が）提供する価値を他者に認めてもらうこと」に行きついた。そのことに気づいて以降、山本さんは、総務部の仕事のなかでも「提供する価値を認めてもらう」ことが実現できることに気づいた。

　以来、山本さんは総務の仕事を「与えられた」ものとしてではなく、「自分の仕事」の意識で取り組むようになったという。

４ 「自己概念の成長」とは何か

　それぞれの事例の背景に、「つながりの阻害」があるということを意識しながらお読みいただけただろうか。

　事例1の佐藤さんの場合は、「介護に対する自分の意識に蓋をしていた」と述べている。

　「夫の実家、つまり義理のお父さんの家に住まわせてもらっている」という意識から、「（子どもは）親の介護を嫌ってはいけない」という社会通念上の「モノの見方、考え方」をあたかも自己概念であるかのように思っていたのではないか、と想定できる。しかし、キャリアカウンセラーからの問いかけにより、「そんな自分（親の介護を嫌う自分）を観たくない」という気持ちになっていたことが語られた。「観ないようにしていた自分」の存在に気づき、そういう自分を認めることができた、と言える。

　そういう自分を認める、という心の変化を「自己概念の成長」の構造から説明することができる。それは、「経験を取り入れる（ことができた）」と言えるし、また「観たくない自分を取り入れる（ことができた）」とも言える。つまり拒絶し、抑圧していた自分の気持ちに気づき、「つながり」をつけることができたと

言える。社会通念（娘たるもの，親の介護を嫌がってはいけない）はそれとして，「嫌だ」と思っている自分（観たくない，認めたくない自分）を認める（つながる）ことで，そういう感情（「嫌」）と付き合うことができた，コントロールすることができた，と言うことができる。

　事例2の山本さんの場合は，どうだろうか。

　「優秀な営業部員」という自覚があった。「そんな俺がどうして総務なんかに異動しなければいけないんだ」という思いだった。したがって，異動後の総務の仕事は，山本さんの意識のなかでは「自分の仕事ではない」というモノだった。つまり，「つながり」を意識的に断っていた。しかし，キャリアカウンセラーから「仕事で実現したいことは何か」と問われ，「（自身の）提供する価値を他者に認めてもらうこと」という自分の仕事観に出会うことができた。その仕事観に沿って総務の仕事を見直すことによって，その仕事観に見合った業務を総務部の仕事に発見することができ，次第に総務の仕事に対して自分との「つながり」を獲得したと言うことができる。

　では，2つの事例について，図1をご参照いただきながら，「自分事にする」とは何か，「自己概念の成長」の構造について考えていきたい。

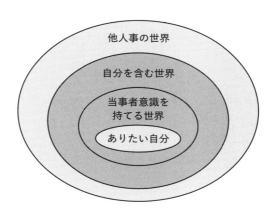

図1　自己概念の成長

立野了嗣（2017）『「経験代謝」によるキャリアカウンセリング——自己を見つめ，学びを得る力』晃洋書房

　図1は，「自己概念の成長」というテーマを動的（何が，どう変化して）に考

えるために，我々を取り巻く世界をいくつの段階に分けている。

　まず，大きく「他人事の世界」と「自分を含む世界」の2つに分かれる。そして「自分を含む世界」の中心に「ありたい自分」が存在する。「自分を含む世界」のなかでも，より「ありたい自分」に近い世界を「当事者意識を持てる世界」とした。

① 自分を含む世界

　「自分を含む世界」には，その中心に「ありたい自分」，「ありたい自分」に近い位置に「当事者意識を持てる世界」がある。そしてそれらを含む大きな領域を「自分を含む世界」と考える。

①ありたい自分

　図1の中心に「ありたい自分」という言葉がある。

　心のなかに，自身の成長を増進するエネルギーが備わっていると考える。そのエネルギーを名付けて「ありたい自分」と呼ぶ。

　「備わっている」という言葉を強調したい。新たにどこかから取り入れるというのではなく，「今の自分のなか」にあり，自分自身を「良い」と思う方向に向かわせるエネルギーである。

　「ありたい自分」とは，経験を意味づけるモノ，「自己概念」を成長に導くエネルギー（原動力／ドライビングフォース）である。目標や憧れと同じモノと思われる傾向があるが，そうではなく「ありたい自分」とは，新たに外から取り入れるモノではなく，今我々のなかに在るモノである。

　「良い」と思える方向性と，それに近づこうとする（「良くない」と思えるモノからは遠ざかろうとする）エネルギーが，「ありたい自分」である。

②当事者意識を持てる世界

　「自分を含む世界」のなかでもより強く「ありたい自分」に意味づけられている世界である。何かやっかいなこと，何とかしなければいけないような出来事が起こったとき，その出来事や事柄に対して「自分で変えられる」「自分の問題として何とかしよう」と思い，「何とかできる」と思う世界である。

　コントロールできる世界，コントロールしようと思う世界，別の表現をすれば「自由になれる」世界である。

　事例1の佐藤さんは，キャリアカウンセラーからの問いかけで「観たくない自

分」を意識することができ，ある意味「自由になった」と言える。つまり「介護」を「他人事の世界」から「自分を含む世界」に，そのなかでも「当事者意識を持てる世界」で位置づけることによって，「嫌」ではあるが，「何とかしよう」「何とかできる」対象とすることができたのである。

③自分を含む世界の特徴

「自分を含む世界」とは「自己概念」であり，「自己概念」の定義は「自分と自分を含む世界をどう規定しているか（その考え方，捉え方）」である。それをより実践的，具体的に表現すると，「『ありたい自分』に意味づけられた『モノの見方，考え方』」と表現できる。もっとシンプルに表現すると，「良し，としている『モノの見方，考え方』」である。つまり，その「モノの見方，考え方」は，自分に対してでもあり，世界に対してでもある，ということを意味している。

事例2では，山本さんが「良し，としている『モノの見方，考え方』」が明確に示されている。

山本さんの「仕事」に対する自己概念，つまり，「良し」としている「モノの見方，考え方」は，「（自身の）提供する価値を他者に認めてもらうこと」である。山本さんの「ありたい自分」は事例には述べられていないが，この仕事の「自己概念」も山本さんの「ありたい自分」に意味づけられていると考えられる。

自己概念の成長を考えるときに特に重要な「自分を含む世界」について，改めて詳しく見ていこう。

■「良し」というもの

「自分を含む世界」の中身は自己概念である。したがって「良し，としている『モノの見方，考え方』」でこの世界は構成されている。

「良し」としているとは，必ずしもBetterないしGoodという意味ではない。「良くも悪くも，そのような「モノの見方，考え方」をしている自分を認めている，自覚している」世界，という意味である。「良くも悪くも……」とは，「良くない，という意味もその裏側には存在する」ということである。「良くない」という評価を含んだ「モノの見方，考え方」を自分で認め，自覚しているという意味も含んでいる。

■一貫性

「自分を含む世界」は，一貫性のある世界とも言える。一貫性の下に作り上げ

られてきた世界である。一貫性は，「自分を含む世界」の特徴である。

「自分を含む世界」の「自分」とは，「自分らしさ」を表していると言ってもよい。したがって「自分を含む世界」とは，"自分らしさ"の世界」と言ってもよい。例えば「自分らしさ」を色で表現すると"赤"だとする。すると「自分を含む世界」は，"赤"を基調とする世界である。

一貫性という言葉には，矛盾がない，調和が取れている，というような意味が含まれている。しかし，完全に矛盾がなく，完璧に調和が取れている状態はあり得ない。そのような世界に動きはなく，精気が感じられない。絶えず揺れ動いている。一貫性，調和を取る方向で動いている。では何を基準にした一貫性なのか。「ありたい自分」が基準となる。そして自己概念は，『『ありたい自分』に意味づけられた『モノの見方，考え方』』なので，「自分を含む世界」にある自己概念が基準となる。

■ 自尊感情

「自分を含む世界」は，自尊感情を宿している。

これは，大変重要な認識であり，「自尊感情」がエネルギーの源泉と心得るべきである。

「かわいい自分」「いとしい自分」とは，この世界を指している。「かわいい自分」「いとしい自分」とは，たとえ他者からどう見られようと，自分にとっては肯定できる「自分らしさ」に対する感情を込めた表現である。自分の態度や言動を思い出し，「ふっ」と微笑んでしまうようなときに感じる自分である。

この世界が何らかの意味で侵されそうな外部からの情報に対しては防衛が働く。この防衛とは，「自分を含む世界」から切り離し，「他人事の世界」に押しやろうとする力である。またある場合には「無かったこと」にしてしまおうとする力である。

人には誰しも「観たくない自分」「忘れてしまいたい経験」というモノがある。ややもすればこれらは，防衛の対象にされてしまうことがある。つまり，「他人事の世界」に追いやられてしまうことがある。これらは「自分を含む世界」の事柄である。これらに関して本当は強い「つながり」を感じている。しかし，その「つながり」を意識しつづけることは自尊感情を傷つけるのではないか，一貫性を乱すのではないか，との思いからそれらを遠ざけようとする。このように「観たくない自分」「忘れてしまいたい経験」には，「他人事の世界」に追いやらざるを得なかった理由がある。それを思いやる気持ちが，「他人事の世界」から「自

分を含む世界」に招き入れる契機となる。この「思いやる気持ち」も，キャリアカウンセラーに必要な専門性であり，重要な心がけである。

② 他人事の世界

　「他人事の世界」とは，存在は知っているが，「ありたい自分」に基づく関心を寄せることはなく，自身との関係を感じない世界である。つまり「ありたい自分」との関連で「つながり」を持たない。「つながり」を考えない世界である。例えば，多くの人にとって日々テレビや新聞で流されるニュースの大半は「他人事の世界」の事柄かもしれない。また，学校で教えられる教科の内容は，ややもすれば「他人事」となっている可能性が高い。

■「他人事の世界」とは「可能性の世界」

　「他人事の世界」という名前には，良くない印象がある。「突き放した」感じ，または「冷たい態度」をイメージさせる。そのイメージはこの「世界」を命名するにあたって意図したことではある。つまり「観たくない自分」「忘れてしまいたい経験」「与えられた／借り物の自己概念」，そのようなモノが存在する世界，というニュアンスを出すことを意図し，このような名前とした。そして「自分事」という言葉に対して，その反対の意味を成す「他人事」という言葉にした。

　しかし，「他人事の世界」とは，「可能性の世界」でもある。何の可能性かと言うと，「自己概念の成長」の可能性である。「経験を糧に人（自己概念）は成長する」と考える。それは，改めて説明するまでもなく常識となっているのではないかと思われる。その成長の糧である経験の場所が，この「世界」であると言える。「観たくない自分」「忘れてしまいたい経験」「与えられた／借り物の自己概念」，もちろんこれらも「成長の糧」である。

　「他人事の世界」の経験を「自己概念の成長」の糧にするためには，既存の自己概念との「つながり」を持つことが必要となる。では次に，その「他人事の世界」と「自己概念」との「つながり」を観ていく。

③ 与えられた／借り物の自己概念

　先述の「自分を含む世界」は，もう少し複雑で，実は「与えられた／借り物の自己概念」と言えるようなモノも「自分を含む世界」には含まれている。例えば，親や教師，会社の上司や先輩から「教えられた」事柄や，いわゆる社会通念など，自分との「つながり」を持たないモノはやはり「他人事の世界」の事柄と

言える。キャリアカウンセリングのなかで注意しなくてはいけないのは，それら「教えられた」事柄のなかで，与えられた／借り物という意識はなく，また，単なる知識として知っているという次元でもなく，「あたかも」自分の「モノの見方，考え方」であるかのように思い込み，自身の行為の基準となっている概念があることだろう。実際は「ありたい自分」との関連で意味を持たない概念なので，「他人事の世界」にある概念であるが，本人の意識としては「良し，としている『モノの見方，考え方』」なので，これを「与えられた自己概念／借り物の自己概念」と呼ぶこととする。

「与えられた自己概念」とは，矛盾した言葉である。つまり，「自己概念」は，すでに述べた通り，「『良い』と思う『モノの見方，考え方』」である。したがって「与えられた」モノならば，それは「自己概念」ではないと言える。しかし，ある人は，いや，どのような人も「『良い』と思っていた」が，その根拠は自分のなかにはなく，つまり「ありたい自分」には紐づけられておらず，親や所属している会社や自分が生まれ育った社会から『『良い』として与えられた『モノの見方，考え方』」を多く身につけている。つまりそれらは，「与えられたモノ，借りモノ」と考えられる。それらは本来「他人事の世界」にある概念なのだが，「あたかも」自分の行動規範，判断の基礎となる認識，つまり本来の「自己概念」であるかのように日常その「モノの見方，考え方」で生活している。

「与えられた自己概念」とか「借りモノの自己概念」などと否定的ニュアンスの名前を付けたが，これらは日常生活を円滑に過ごすために機能している場合が多い。しかし，あるときそれらはその人にとって不適応の原因となる場合がある。つまり「悩み」の原因となる場合がある。

これまで「良い」としていた「モノの見方，考え方」が，実は「与えられた自己概念」だと気づくことは，当初は「自分を含む世界」にあったものを，「他人事の世界」の概念として意識することであり，「与えられた自己概念」から自由になるということでもある。

④ 自己概念の成長の具体例

「他人事の世界」の事柄を「自分を含む世界」に取り入れるという「自己概念の成長」の構図を意識しながら，再び先に挙げた2つの事例を観ていこう。

事例1の佐藤さんは，「子どもは親の面倒をみるべきだ」という社会の規範からきた考え方が「与えられた自己概念」であることに気づかず，違和感を持ちながら介護にあたっていたということができる。そしてキャリアカウンセラーから

の問いかけをきっかけに，「『介護は，嫌だ』と叫ぶ「自分の気持ちに蓋をしていた」ことに気づいたのである。つまり，蓋を取り払い，本来の，ありのままの自分に気づいた，ということができるのではないかと思う。

　もう少し詳しく考えてみよう。「子どもは親の面倒をみるべきだ」という「与えられた自己概念」によって，本来の「かわいい自分」「いとしい自分」が「みたくない自分」に見えていた。「みたくない自分」は文字通り「見たくない」。そのために「他人事の世界」に押し出されていたと考えられる。

　「子どもは親の面倒をみるべきだ」ということが，「与えられた自己概念」であった，つまり「良し，としているモノの見方，考え方」であったと気づくことにより，「観たくない自分」の否定的な意味がなくなり，ありのままの自分を取り入れることができた，とも言える。

　「介護」を嫌っている自分（今まで「観たくない」と蓋をしていた自分の気持ち）を意識下に置くことができた，つまり，コントロールできるようになった。結果「他人事」として追いやっていた「介護を嫌う自分」を，「介護は嫌い」という感情はそのままに，そういう自分を認めることにより，義理の父の介護に「つながり」を持てた，「当事者意識の持てる世界」の事柄として取り組めるようになったと言える。つまり「自分を含む世界」に位置づけることができた訳である。

　事例2では，異動当初，山本さんにとって総務の仕事は「他人事」になっていた。「他人事」には「被害者意識」が往々にして伴う。このときの山本さんにもそのような意識がみられた。総務部へと所属が変わり，総務の仕事は，客観的事実としては山本さんの仕事なので「自分の仕事」ではあるが，山本さんの心のなかでは「他人の仕事」，つまり「他人事」であったと言える。その後，山本さんは，キャリアカウンセラーからの「仕事で実現したいことは何か」との問いかけによって，営業部での販売という業務の背後にあった自身の仕事観，つまり「仕事とは，自身が提供する価値を他者に認めてもらうこと」に思いを致すことができた。そして，その「モノの見方，考え方」の下に総務での自身の業務を問い直し，総務の仕事に「つながり」が持てた。「自分事」とすることができたのである。つまり，「自分を含む世界」に取り入れることができたと言える。

■「成長」と「適応」

　「成長」に似た概念に「適応」という言葉がある。

　『プロティアン・キャリア』で有名なボストン大学の教授ダグラス・ホールは，

「自己内省を通じたアイデンティティの成長」というレポートのなかで，「適応」について次のように述べている。「……実際，本人が自己意識を検討し，更新することがない限りは，革新となる自己や，心が求める道に進んでゆくための錨を持たずに，その時の状況に合わせて自動的に反応しているという『カメレオンのような』人間になる危険性がある。変化させた行動を自分のアイデンティティに取り入れるまでは，適応プロセスが完全に終了したということはできない」（Hall, D.T.（2002）*Careers in and out of Organization.* Sage.）。

　一般的に理解されている「適応」の概念は，「アイデンティティに取り入れる」までを意味していない，つまり「カメレオン」的な状態を「適応」と言っているように思われる。経験代謝理論で言わんとする「自己概念の成長」をダグラス・ホールの言葉で言い換えると，「アイデンティティの成長」になるのではないかと考える。もしそう言えるとするならば「自己概念の成長」は，「変化させた行動をアイデンティティのなかに取り入れる」，という表現になるかもしれない。

⑤「自己概念の成長」と「自己概念の揺らぎ（違和感）」

　キャリアカウンセリングを実践していく上で，「自己概念の成長」を意識した関わりの注意事項について述べる。

　キャリアカウンセリングがどのような場面で行われるかによるが，相談者がキャリアカウンセラーに支援を求めてきた，というような場合，その内容は，「悩み」をテーマにしていることが多い。

　「悩み」を感じる経験とは，自身が肯定し，自尊感情のよりどころとしている自己概念が揺らぐ経験であり，つまり「良しとしている『モノの見方，考え方』」が揺らぐ経験をしていると言える。

■相談者は何を求めて相談に来るのか

　相談者は何らかの支援を求めてキャリアカウンセラーのところに来る。何を求めて相談に来るのかと考えたとき，キャリアカウンセラーは端的な表現で答えを持っている必要がある。それはキャリアカウンセリングを行う際の基本スタンスに関わるからである。

　「悩み」を経験している相談者は何を求めて相談に来るのか。それは「自己概念の確認を求めて相談に来るのだ」と考えることができる。

　そして，揺らいでいる自己概念を，つまり本来の「かわいい自分」「自尊感情の拠りどころ」である「モノの見方，考え方」を取り戻したい，確認したいとの

思いで相談に来ていると考える必要がある。

「悩み」「心配」「不安」「やっかいな問題」（総称して「悩み」という）を内容とした経験とは，相談内容を概括した表現であり，実際のキャリアカウンセリングでのそれらの語りは前述の例でもわかるようにさまざまである。イライラした経験，腹が立った経験，モヤモヤした経験など多岐にわたる。ある相談者は自身の職務経歴書を改めて観ると，それには「血が通っていないように観える」と表現し，ある相談者は「仕事を終えて家に帰り，やることが他にあり，いけないと思いながらテレビを観てしまう」と言う。「血が通っていない」と思える職務経歴について話す相談者の話，「いけないと思いながらテレビを観てしまう」相談者の話の内容は，それぞれ全く違うが，それらの経験の背後には「"かわいい自分"の揺らぎ」が観える。「揺らいで」いるのは本来肯定していた自己概念であり，「揺らぎ」の背景には，見たくない自分，忘れてしまいたい経験が控えている。

彼らは「自己概念の揺らぎ」を経験している。キャリアカウンセリングにおいてキャリアカウンセラーがそのように彼らの話を聞く姿勢が重要である。

相談者の「悩み」を，「『自己概念の揺らぎ』の表現として聞く」というアンテナの下に対応することができるか否かは，キャリアカウンセラーの専門性が問われる点である。

その専門性の発揮には重要な心がけが必要である。その心がけとは，「自己概念の成長」を促す，ということである。「自己概念の成長」を意識して関わると，相談者からもたらされる話に「自己概念の揺らぎ」を観ることができる。ただし，相談者が語る経験は，「自己概念が揺らぐ」経験ばかりではない。「嬉しい」「楽しい」「心がふるえる」経験の場合も，もちろんある。この場合も，当然キャリアカウンセリングである限り，関わる際の重要な心がけは「自己概念の成長」である。ただし，この「自己概念の成長」に関わる際の心がけは，「自己概念の強化，確認」という方向が考えられる。そのような前提を意識する必要がある。

事例３「木村さんの相談」

木村さん（仮称）は，ある大手機械メーカー（C社）の購買外注管理部に所属し，下請け工場で製作される部品などの外注管理をしている。木村さんは，製造現場での経験もあり，中小企業診断士の資格も持っていることから，外注管理に経営の視点を生かせるのではないか，との判断で現在の部署に配属になった。この仕事に就いて20年以上，下請け工場の社長をはじめ，現場の工員までほとんどが顔見知りで，みんなに親しまれる存在である。この経験を通じて，木村さん

は日頃から「仕事の成功は人とのつながりだ」という考えが培われたと言っている。一方、C社の経営環境は思わしくない。競合商品に押され、性能面では変わらぬまでも価格競争で負けるケースが増えてきた。現在の価格を見直す必要が出てきた。

　そんなある日、木村さんをはじめ会社の主立った幹部が集められ、経営陣から「製造原価10%カット」という新たな経営方針が示された。木村さんは、その後上司に呼ばれ、この方針達成には、購買外注管理でのコストダウンが絶対条件であることが告げられた。

　木村さんは、経営者の淡々とした語り口、上司の事務的な態度、それらに強い憤りを感じた。

　半月後、木村さんは、これまで取引のあった下請け工場の責任者を集め、C社のこの新しい経営方針の説明をした。集められた下請けの責任者の何名かから、C社の経営姿勢を激しく問う、いくつかの質問があった。木村さんは、自分が経営陣や上司から受けた説明内容を元に淡々と答えた。

　この会合の後、自宅への帰り道で、この自分の態度を振り返り悶々とした思いに駆られた、とのことだった。

＊

　事例3を見ると、木村さんの自己概念が揺らいでいることがすぐにおわかりだと思う。

　木村さんの「自己概念」が、「経験から受け取った意味」によって揺らいでいる。なぜならこの事例で、木村さんが「経験から受け取った意味」が自己概念を否定するもの、自己概念に反するものだったからである。では、この事例から読み取れる木村さんの「自己概念」は何だろうか。それは「仕事の成功は人とのつながりだ」という、「モノの見方、考え方」である。「人が他者（人）を信頼する、人と他者が助けあう、そのような人と他者の関係から成功は生まれる」という考えが、仕事上での「良し、としているモノの見方、考え方」、つまり自己概念であり、つまり「自尊感情」の拠り所である。

　では、「揺らぎ」の元となった「経験から受け取った意味」は何だろうか。それは「下請け工場の責任者を集め、C社のこの新しい経営方針の説明をした際に、下請けの責任者の何名かから、C社の経営姿勢を激しく問ういくつかの質問があり、それに対して、自分が経営陣や上司から受けた説明内容を元に淡々と答えた」ということである。「淡々と答えた」という部分に意味がある。木村さん

自身が経営陣や上司から「10％コストカット」の話を聴いたとき，その淡々とした語り口や，事務的な態度に憤りを感じた。それは売り上げ不振のシワ寄せを下請けに負わせようとしているにもかかわらず，自身は責任を感じていないかのような態度に憤りを感じたのである。にもかかわらず，今度は下請けの経営者からの厳しい質問に対しては，木村さん自身が経営者や上司と同じように「淡々と」説明してしまった，ということを振り返り，悶々としている，ということである。つまり「仕事の成功は人のつながりだ」という自己概念と反する意味を経験から受け取ったからだと言える。「一貫性」に欠ける行為をしてしまい，「自己概念」が揺らいでいる

　改めて「自己概念の揺らぎ」とは何か。それは相談者が自分の自己概念に自信が持てなくなる，ということである。自信が揺らぐとは，「自己概念が揺らぐ」ことである。自信の部分を自己概念と言い換えただけで，構造は同じだ。

　「自己概念の揺らぎ」とは「経験から受け取った意味」と「自己概念」との間で揺らいでいる，と言える。また「自己概念」が「経験から受け取った意味」によって揺らいでいる，とも表現できる。この2つは同じことを言い換えているだけである。ここでのポイントは「経験から受け取った意味」というフレーズだ。このフレーズは言い換えず，この表現のまま覚えていただきたい。この，経験から受け取った「意味」の中身が問題である。「自己概念」が揺らぐような中身という訳である。なぜ揺らぐのか。それは「自己概念」に反する，または「自己概念」を否定するような内容の「意味」を経験から受け取っているから，ということができる。

　何かのきっかけとなる経験があり，自己概念が揺らぐ。揺らいでいるきっかけとなった経験が「悩み」なので，そのきっかけの経験が語られる。しかし，それによって揺らいでいる自己概念は語られない。相談者本人も気づいていないか，または言葉にして明確には捉えられていない場合がほとんどである。

　実際のキャリアカウンセリングの場合は，揺らぎのきっかけとなった経験は1つではなく複雑につながりあっている場合が多い。それらを結ぶ何らかの「意味」を「何が（自己概念）」との相互関係を考えながら言葉にしていかなければならない。相互関係を考えながら言葉にしていくには，多くの事例について練習を積む必要がある。

5 まとめ

- キャリアカウンセリングの目的は「自己概念の成長」である。

- 「自己概念」とは「自分と自分を含む世界をどう規定しているか（その考え方，捉え方）」である。より実践的，具体的に表現すると，「『ありたい自分』に意味づけられた『モノの見方，考え方』」である。

- 「自己概念の成長」とは，「つながり」を自分の心の内にも，自分を取り巻く環境（人や事柄）にも広げ，深めていくことである。

- 「自己概念の成長」とは，「他人事の世界」の事柄を「自分を含む世界」に取り入れる（「つながり」を持つ）ことである。

- キャリアカウンセリングは，「自己概念の成長」を意識した関わりである。

- 「悩み」をテーマとするキャリアカウンセリングにおいては，相談者の語る話から「自己概念の揺らぎ」に意識を向けることが，「自己概念の成長」を意識した関わりにつながる。

- 「自己概念の揺らぎ」とは，「経験から受け取った意味（「悩み」「不安」「心配」など，できれば他人事にしてしまいたい事柄）」と「自己概念」との間で起こっている心模様である。

● 「自己概念の木」について

この図の名前は，「自己概念の木」としたが，これは私やあなたの心の在り様である。この木にはそれぞれ自分の名前がついていると思っていただきたい。

「ありたい自分」と「自己概念」について，その関係を示した絵である。幹の部分が「ありたい自分」，枝や葉の部分が「自己概念」とイメージしている。枝や葉，つまり「自己概念」は，幹すなわち「ありたい自分」から伸びてきたものである。当然，幹と枝葉は，1本の木として一体であり，分割できない全体性である。そしてこの木は命が続くまで成長を続ける。

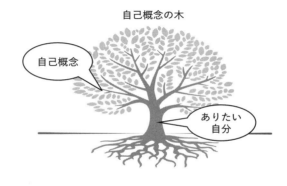

自己概念の木

自己概念

ありたい
自分

第2章
経験代謝理論

1 はじめに

　本章で展開する内容は，キャリアカウンセリングの進め方である。第1章で述べた「自己概念の成長」を促すキャリアカウンセリングの関わりをどのように考えればいいのか，そのような関わりを具体的にどのように実施すればいいのかを解説する。つまり「自己概念の成長」を促すための具体的なキャリアカウンセリングの進め方である。

　私は，大学では臨床心理学を専攻したが，当時大学教育のなかでカウンセリングはあまり主要なテーマとしては扱われておらず，時間を取って教えられなかったので社会に出てから勉強をした。数十年前のことである。現在どのような内容に変わっているか定かではないが，当時私が習ったカウンセリングの講座では「要約」「反射」「うなずき」「明確化」など「基礎的」な技法訓練が中心的に行われていた。特に「要約」「反射」は繰り返し行った印象がある。もちろん参考になったし，「基礎的」技法はある程度身についたのではないかと思う。一方，これらの受講を通して「カウンセリングとは何か」というプリミティブな疑問を持った。

　キャリアカウンセリングの目的は「自己概念の成長」である，と考える。その「自己概念の成長」をどのように考えるかは，第1章に述べた通りである。

　本章で経験代謝サイクルを構成する各段階の位置づけや内容を使いながら，キャリアカウンセリングの関わりについて述べる。経験代謝サイクルのそれぞれの段階はすべて，「自己概念の成長」を促す，という方向を指している。手段が目的化しないことに，くれぐれもご注意いただきたい。「受容，共感，安心安全な場……」は目的ではない。

② 経験代謝とは何か

　人は日常生活でさまざまな経験をする訳だが，経験代謝はその「経験から学ぶ"学びの構造"」である。何を学ぶのか，それは知識であり，スキルであり，社会常識，その他諸々のモノ，それらを経験のなかから学び取る能力は本来人間に備わっている。

　この人間に備わっている"学びの構造"を，経験代謝という名前でまとめた。

① 命名の意図

　経験代謝という名称は，新陳代謝からヒントを得た。生物は肉体に備わった新陳代謝というメカニズムを通して，食料や飲み物を体の一部として，またはエネルギーとして取り入れ，老廃物を排出し，その体を維持し，成長や活動を続けることができる。

　また，経験代謝という名称は，分子生物学者である福岡伸一の著書『生物と無生物のあいだ』を読み，そこから着想を得た。福岡は，前述の著書のなかで，生物の特長を「動的平衡」とした。「動的」の意味は，言うまでもなく静的の反対で「動いている」「変化している」ことを意味する。一方「平衡」とは，例えば「平衡状態」などという言葉が示すように，「釣り合っていること」「安定している」という意味である。したがって動的平衡とは「変化して，安定している」「動いていて，動かない」という，相反する2つの言葉からできている。つまり生物は新陳代謝を行うなかで，一方で細胞を再生し，一方でそれを壊す。そのようにして時間の流れのなかで生命は平衡状態を維持している。

　この生命の特長，動的平衡を，福岡は「砂の城」に喩えて説明している。その城は「渚に作った砂の城」である。渚には波が寄せてくる。波は，「砂の城」の一部を崩し持ち去る。しかし，次の波で砂が供給され，城は元の形を保つ。実態としてそこに存在するのではなく，波が創り出す動的な何か，時間の流れのなかで変化しながら平衡を保つ。「砂の城」は生命である，と福岡は述べている。

　私は，福岡の喩えに沿って表現すると，砂を取り込み，城を創るエネルギーが，私は「ありたい自分」ではないかと考えたのである。

　経験代謝の"代謝"の対象は生体内の物質ではないが，そのメカニズムが同様であるとして，新陳代謝の"新陳"を"経験"に変え，経験代謝とした。

● 動的平衡

　福岡伸一は，ルドルフ・シェーンハイマーの発見した「生命の動的状態（dynamic state）」という概念を拡張し，生命の定義に動的平衡（dynamic equilibrium）という概念を提示し，「生命とは動的平衡にある流れである」とした。生物は動的に平衡状態を作り出している。生物というのは平衡が崩れると，その事態に対してリアクション（反応）を起こすのである。そして福岡は，（研究者が意図的に遺伝子を欠損させた）ノックアウトマウスの（研究者の予想から見ると意外な）実験結果なども踏まえて，従来の生命の定義は浅はかで見落としがある，見落としているのは時間だとし，生命を機械に喩えるのは無理があるとする。機械には時間がなく，原理的にはどの部分から作ることもでき，部品を抜き取ったり交換することもでき，生物に見られる一回性というものが欠如しているが，生物には時間があり，つまり不可逆的な時間の流れがあり，その流れに沿って折りたたまれ，一度折りたたんだら二度と解くことのできないものとして生物は存在している，とした。

---

② キャリアカウンセリングにおける「経験」

　人間は，経験を糧に心の成長を図っていると考える。嬉しい，楽しい経験もさることながら，むしろつらい経験，苦しい経験が成長の「糧」となる。それは，「自己概念の成長」は「違和感の受容／統合」であると考える所以である。

　キャリアカウンセリングで，相談者のつらい経験に触れ，キャリアカウンセラーが相談者に対して「小さなことを大げさに考え過ぎだ」というような思いの下に「（そんな出来事は）忘れてしまえ！」といった対応をするキャリアカウンセラーがいる。そうではなく，その経験に向き合うことを通して心の成長を図ることができると考える。つまり，「経験を糧にする」とは，経験代謝に基づいたキャリアカウンセリングの基本的態度である。

③ 経験代謝サイクルの構造

　図2は，先に示した「経験から学ぶ"学びの構造"」を図で表したものであり，経験代謝理論に基づいたキャリアカウンセリングの構造でもある。

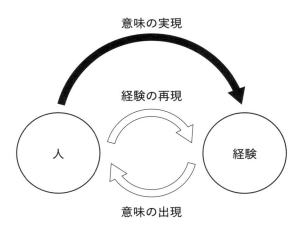

意味の実現

経験の再現

人　　　　　経験

意味の出現

図2　経験代謝サイクル

① 「人」と「経験」

　図2には，2つの円が描かれている。左の円に「人」，右の円に「経験」とある。これはある「人」がある出来事を経験する訳だが，その経験をした「人」とその「経験」である。例えばある人が，電車のなかで，テレビでよく見かける有名人に出会ったとする。この電車に乗って有名人を見かけた人が「人」で，「電車のなかで有名人を見た」という出来事とその出来事に対して，例えば「驚いた」「感激した」「有名人って外に出かけると皆に見られて不自由なものだなと考えた」など，出来事に対して抱いた“感情”や“考え”が伴ったものが「経験」である。出来事は客観的，それに対して経験は主観的と言える。

　経験代謝の最大の特徴は，「人」と「経験」を分離して描いたことである。

　経験代謝を意識した会話を実践してみて実感することだが，人には自身が語る経験は「主観の産物」だという意識はない。自分が語る経験に主観が反映していることを意識することは，主観の客観視とも言える。それを「経験を観る」と表現している。つまり「経験を語るその『語り』の表現のなかに，語る人のモノの見方，考え方が投影されている」と考える。キャリアカウンセリングで言えば，相談者が語る経験に，相談者のモノの見方，考え方が投影されている，ということである。

② 矢印の方向とその意味

　2つの円，「人」と「経験」を，3本の矢印が結んでいる。

　「人」から「経験」に向かっている矢印が2本ある。上から2番目の矢印に「経験の再現」とある。次に図の一番下の矢印，「経験」から「人」に向かう矢印に，「意味の出現」とある。「経験の再現」と「意味の出現」が対の関係になっている。つまり，再現された経験のなかにそれを語った人（相談者）のモノの見方，考え方が現れる（「経験に映る（投影される）」）。

　一番上の矢印，「人」から「経験」に向かっている矢印に「意味の実現」とある。経験代謝サイクルの言ってみれば最後の段階，自分のモノの見方，考え方，つまり自己概念に基づいた何らかの行動を示している。「経験の再現」と同じく矢印は「人」から「経験」に向かっているが，「経験の再現」の場合の「経験」とは意味が違う。経験の再現の「経験」は，与えられた出来事に対する経験，偶然出くわした出来事に対する経験である。一方，「意味の実現」の矢印が向かっている「経験」は，相談者が意図して創った経験である。その背景には明確となった相談者の自己概念が意識されている。

　この循環が経験代謝サイクルである。「自己概念の成長」は，このサイクルが回ることによって形成される。

　経験代謝サイクルの構造を簡単な事例で考えてみよう。

　例えば，春のうららかな日差しのなか，入学試験に合格した若者が学校に向かって歩いていると，「沿道の桜の木々が僕に微笑みかけた」と語ったとする。もちろん沿道の桜の木が本当に微笑んだ訳ではない。若者の嬉しい気持ちが，桜の花に投影された結果，沿道の桜の木々が微笑んでいるように見えた，という訳である。しかし，この例は，逆からも解釈できる。つまり，「桜の木が微笑んでいるように観えた」。どうしてそんな風に観えたのかな，と若者は自分に聞いてみた。「そうだ，これから始まる新しい学校への期待でワクワクする気持ちが，そのようにみせるんだ」と気づいた。

　この例では，若者が自分自身に問いかけている。自問自答している訳だが，例えばこの問いかけ部分が，キャリアカウンセラー，若者がキャリアカウンセリングを受けに来た相談者とすれば，この事例は，経験代謝に基づいたキャリアカウンセリングの構造になる。

　キャリアカウンセラーが若者（相談者）に，これから入学する学校に向かって歩いているときの様子について問いかける。この部分が「経験の再現」である。

　すると「沿道の桜の木々が満開で，僕に微笑んでいるように観えた」と若者が

語った。キャリアカウンセラーは，桜が微笑んでいるように観えたときの気持ちを省みるように促す。すると若者は，受験勉強の苦しさが報われたような気持ちになり，「努力は報われるんだ，と思った」と語った。この部分が「意味の出現」である。「努力は報われる」というその若者のモノの見方，自己概念が現れている。そして，この自己概念を意識した新しい経験を創っていくのが「意味の実現」である。

　「桜を見た」という出来事のなかに意味が内包されている訳ではない。満開の桜が「未来への希望」や「華やかな気持ち」を内包している訳ではない。そして語り手は「自分が意味をつけている」とは意識していない場合がほとんどである。「語り手」とは，キャリアカウンセリングの場合は相談者である。聴き手（キャリアカウンセラー）の何らかの促しによって，相談者は「経験に映る自分を観る」を意識することになる。

　それでは，次に経験代謝の構造の各段階についてより詳しく説明する。

❹ 経験の再現

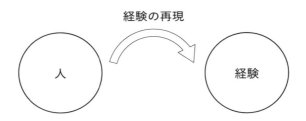

図3　経験の再現

　経験の再現とは，相談者が何を相談に来たか，相談者がキャリアカウンセラーに話す内容である（図3）。キャリアカウンセラーの促しによって相談者が経験を再現することを示している。概念的なことを話すのに比べ，経験したことは話しやすいし，問いかける方も問いかけやすいと考えられる。ただし，「悩み」「不都合な問題」がテーマとなっている場合，語りの背景に“観たくない自分”や“忘れてしまいたい経験”などがあり，それらに触れたくないという意識的，無意識的な心理が働き，話しにくくなる場合が考えられる。

　キャリアカウンセラーが考えた何らかの想定に基づいて行われる「経験の再現」を「経験の共有」という。

　例：相談者は，「病気で2カ月前に会社を退職。仕事への復帰準備としてこれから何をすればいいか考えてモヤモヤしている」とのこと。退職する前に手がけていたプロジェクトは相談者にとって最もやりたかった仕事だった。そのプロジェクトに関わっている最中，体を壊し，退職をしたとのこと。相談者は復帰準備としての能力開発のテーマや手段を探しているようだが，キャリアカウンセラーは，退職前に就いていたプロジェクトと退職につながった病気の経験がモヤモヤの背景にあるように感じ，その経験について再現を促した。

　相談者は何か話したいことがあるから相談に来ている。特に「経験の再現」によって語られた経験のなかで，特に相談したいと思ったきっかけとなった経験を「再現すべき経験」と呼んでいる。

　相談者は，相談の目的を面談の冒頭で語る場合も多いが，ここで話を聴く方向を間違えてしまうキャリアカウンセラーがいる。例えば「今の職場が合わなくて転職したいんです……」とキャリアカウンセリングの冒頭に相談者が言ったとする。そんなとき，キャリアカウンセラーが「あ，この人は転職を考えている人なんだ」と判断して，相談者に「転職希望者」のレッテルを貼り，その方向でアドバイスを行う場合がある。これでは相談者の個別性を捨象した対応になってしまい，これではキャリアカウンセリングにならない。

　先ほどの例は，何か相談者が転職したいと思わせるような出来事が職場であったことが想定されるが，そのことについて相談者は自ら語らないというケースである。そのような場合，キャリアカウンセラーは「何かありましたか」と経験を聴く必要がある（必ずしもこの表現である必要はない）。相談者にとっては，「経験の再現」を促され，経験を語ることは，例えば職場で何か良くない出来事があったという経験を改めて頭のなかで思い出させる。語りながら，つまり思い出しながら語る訳で，感覚で捉えていたモノを言葉にして，相談者がそのときの経験をより鮮明に意識し直すということにつながる。

　ちなみに，キャリアカウンセリングの場で相談者が語る経験は良くないことばかりではない。過去の成功体験を思い出し，自分の可能性を再確認することにつながるかもしれないし，そのときに何気なく取った行動に対して，そのときは意識していなかったが，自分がどうしてそのような行動を取ったのかという意味に気づくかもしれない。そのような場合「経験の再現」を促すこと，つまり相談者は経験を語ることで自信を持つことができたり，新たな可能性に気づくことにつながる。

5 意味の出現

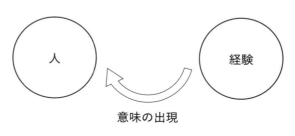

図4　意味の出現

　キャリアカウンセラーは相談者に「経験の再現」を促し，相談者はそこに映った自分を客観視することで，その経験に投影されている「モノの見方，考え方」に気づくのである。

　「意味の出現」とは，意味が出現する，つまり“現れ”てくる，ということである（図4）。今までそこにあったものが明確になる。例えば霧の向こうにあることはわかっていても，それが何か明確ではなかった何らかのものが，霧の向こうから次第に姿を現す，“現れる”というイメージが，この「意味の出現」である。新たな意味を創り出すということではなく，今まであったものが明確に意識されるという意味である。

　次に「意味の出現」の具体例を紹介する。

　鈴木さんは，同じ事務所の仕事仲間のDさんが，本日誕生日であることをSNSの情報で知った。そこで鈴木さんはDさんに誕生祝いの言葉をメッセージで送った。しかし，その後，事務所で会っても，SNS上でも，Dさんから何の応答もなかった。「どうしてなのかな」と思ったが，やがてそのことについては忘れてしまった。「ともだち」が多い鈴木さんには，その間もSNSからほぼ毎日，知り合いの誕生日の情報が送られて来ていた。ある日，鈴木さんは友人とSNSについて話しているなかで，誕生祝いの書き込みを最近していないことに気づいた。鈴木さんは考えた。「どうして誕生祝いの書き込みを最近していないのか？」。そしてその意味について気づいた。誕生祝いを送ったDさんから返事がなかったことで嫌な思いをした。そのような経験を避けるために，その後，誰に

対しても誕生祝いの書き込みをしなかったのだ。鈴木さんは誕生祝いを送らないことで,「かわいい自分」が傷つかないように護っていることに気づいた。

この事例からわかるように,「意味の出現」とは,経験を手がかりに内省した結果現れる,相談者にとっての「その経験の意味」である。

「経験の再現」から「意味の出現」に至るイメージを伝えるためにピーター・センゲの『出現する未来』より抜粋した文章を紹介する。「真の全体に出会う」というタイトルの下に掲載されている文章である。

> ボルトフ(物理学者ヘンリー・ボルトフ)によれば,人間の関心は本来,個別・具体的なものに向かう傾向があるという。「大きなシステム」を見ようとする時,各部分が他の部分とどう関係しているかを見て,大きなパターンを類推しようとする。つまり抽象化という頭の中の作業によって部分から全体を導き出そうとするのである。ところが大きなシステムはなかなか見つからないので,全体を見るのをあきらめて部分に戻る。だが,全体を把握するには別の方法がある。部分を見て,そこに現れる全体を理解する方法である。
>
> ボルトフは,この方法をゲーテの植物観察法を例にとって説明した。
>
> 「(中略)1枚の葉を見て,そのイメージの隅々まで頭の中で追う。(中略)頭の中で細部を追っていくと,葉っぱのイメージが出来上がる。こうした作業を1枚の葉だけでなく,何枚も重ねていくと,突然動きが感じられ,1枚の葉だけでなく,ダイナミックな動きが見えてくる」(中略)
>
> ボルトフの語る経験は,意識の背後にあったものが突然,前面に出てくるのと似ている。ふつうは客体―葉が前面にあり,その葉が産み出しているダイナミックな生成過程は背景にある。生成過程は目に見えにくいが,客体を生み出す形成の場である。それが入れ替わり,生成過程が前面に出てくると,「全体が見える」ようになる。
>
> ピーター・センゲほか[野中郁次郎＝監訳](2006)『出現する未来』
> 講談社[pp.64-66]

ここで紹介されているゲーテの植物観察法が経験代謝,特に「意味の出現」を連想させる。つまり,「葉っぱのイメージを細かく何枚も重ねて行く」が「経験の再現」を連想させ,そうすると「背後にある生成過程が立ち現われる」という部分が,気づかなかったが経験に投影されていた意味が現れる「意味の出現」を

連想させるのである。経験に自己概念が投影されている。しかし個々の経験に注目すると経験の背後に存在する自己概念が見えてこない。相談者の自己概念に意識を向けながら「経験の再現」を行った結果，意味が立ち現れる。

6 「自己概念の影」

「自己概念の影」は，「意味の出現」の相談者の「語り」，つまり「経験の再現」のなかに現れる手がかりである。つまり，相談者に自分自身を顧みること，（自己の）客観視を促す手がかりになる（図5）。

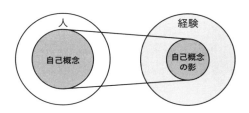

図5　自己概念と自己概念の影

前章で挙げた「自己概念の揺らぎ」と似た概念と思われやすいが，イコールではない。

第1章でも説明した通り，人はある出来事に対して感情や考えを持ちそれが経験になる訳だが，その感情や考えの背景に「かわいい自分」が内包された「モノの見方，考え方」である自己概念がある。

「自己概念の影」とは，相談者の自己概念が経験に投影された結果生まれた言葉，表現，態度などである。そのようなイメージから「自己概念の影」と名づけた。この名前は「言葉は森羅万象の影である」という格言からヒントを得ている。例えば「山」という言葉は実態としてある山そのものではない。「実態そのものではないが，実態を映しているもの，それが言葉だ」。その格言はそんな意味ではないかと思う。それと同様に自己概念が実態であり，それが経験に投影されたもの，経験に映し出された自己概念という意味である。したがって「影」という言葉に否定的な意味は含まない。

　「自己概念の影」はさまざまな形で現れる。ひとつは相談者の語る言葉に現れる。その人らしい独特な表現，矛盾した表現，何度も繰り返される言葉，もしくは，相談者の信念やモットーなどである。つまり，「その人らしさ」が現れている言葉である。

　またある場合は，相談者が（意識的か無意識かはわからないが）言わなかったことにも現れる。つまり「語られない」という行為の意味である。話の流れから当然触れていい話題なのに口にしない，言わないというような場合である。

　例えば，フリーで研修講師などをしている女性が，ある団体の責任者とトラブルを抱えていることを話した。この責任者とは，お互い以前からよく知り合っている仲だった。「……お互いの欠点を突きつけ合っていたことがトラブルの背景にあると思う」と，この女性は語った。そして相手の欠点に関してはいろいろ話された。しかし，自身の欠点については語られなかった。語られなかった「自己概念の影」である。

　「欠点を突きつけ合っていた」訳なので，自身の欠点も突かれているはずだが，そのことには触れなかった。

　またある相談者の方は，3カ月ほど後に今の職場がなくなるという話をされた。人間関係や職場の雰囲気，いろいろ話されたが，今の仕事が何なのかは語らなかった。先ほどの例も同様であるが，「そのことに触れると見たくない自分に触れるかもしれない」，そんな思いが背後にあるのではないかと考えられる。このようなことが，相談者が言わなかったことに現れる「自己概念の影」である。

　自己概念の影が現れるのは言葉だけではない。相談者の態度や持ち物，表情などにも現れる。持ち物の例では，キャリアカウンセリングの面談でどんなときにもウエストポーチを離さない人がいた。また，話している間，ハンドバックを常に自分の膝の上に置いている女性などを思い出す。

　相談者の話のなかから，そして相談者の様子から「自己概念の影」を感じるアンテナを持つ必要がある。その「感じ」は，「あれ？」「おや？」という感じである。その感覚を磨くには多少修練が必要だが，相談者の話を絵に喩えると，相談者とのやりとりを通じて，少しずつキャンバスに「絵を描く」ように，相手に興味関心を持って「経験の再現」を進めていくなかで，自然に「あれ？」と気づくことが重要である。「あれ？」「おや？」は感じるものであって探すものではない。

　注意しなければいけないのは，「自己概念の影」は相談者の話のなかだけではなく，キャリアカウンセラー自身にも現れることである。したがってキャリアカ

ウンセラー自身も常日頃から折に触れて経験代謝を自分自身に対して実践する必要がある。

7 意味の実現

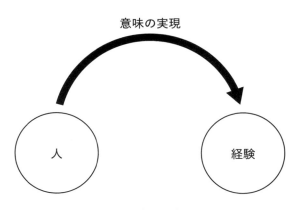

意味の実現

図6　意味の実現

　「意味の実現」とは，相談者の自己概念を明確にし，相談者が「ありたい自分」に基づいた経験を生み出すための課題設定とその実行である。図6のように「人」から「経験」に向かう矢印になっている。先に説明したように，矢印の向かう方向としては「経験の再現」と同様であるが，「経験」の中身が違う。「意味の実現」の意味とは，先に示したように，「ありたい自分」を背景に，相談者が自身の経験を表現する際に現れた，その人の「モノの見方考え方」を言葉として取り出し，表現されたものである。「ありたい自分」を，そして具体的な分野（例えば，仕事，家庭など）に対する「モノの見方，考え方」を，何らかの行動を通して現していく行為を示す。

　したがって「経験の再現」で言う「経験」は，出来事とそれに対する考えや感情といったもので，その経験の元となった出来事は相談者の意思で起こしたものではなく，むしろ「与えられた経験」と言っても良いかもしれない。一方「意味の実現」の向かう矢印の先にある「経験」は，「創造した経験」である。相談者が自らの意思によって起こした出来事に対する経験である。

　では，事例を通して「経験の再現」の「経験」と「意味の実現」の「経験」の

違いについて説明する。

事例

　E氏は，ビジネスホテルで，ベッドに入り寝ようとしたとき，冷蔵庫に水のペットボトルが入っているかどうかが気になった。入っているかどうかは冷蔵庫を開けてみれば確認できる，しかし，すぐそこにある冷蔵庫を開けて確認しない自分がいる。そんなことを出張先のホテルで度々経験した（「経験の再現」の経験）。

　冷蔵庫を開けて中を確認し，もし水のペットボトルが入っていないと，自動販売機まで買いに行かなければならない。「どうしてこんな簡単なことをしようとしないのか」と考えてみた。すると「面倒を避けるには気づかないフリをすることだ」という「良し，としているモノ見方，考え方」，自分の自己概念に気づいた。つまり，面倒なことに直面しないために，気づかないフリをして自分を誤魔化していたのである。これは，ビジネスホテルでの水のペットボトルの確認だけではなく，日常生活のいろいろな場面で現れていることに気づいた（「意味の出現」）。

　これまでの人生経験を振り返り，「気づかないフリ」をして何らかのメリットを得ていたことや，そうしているうちに状況が悪化し，大きな代償を払わなければならなくなった経験を思い出し，小さなメリットを受け取るより，大きな代償の支払いを未然に防ぐことの必要性を改めて感じた。

　そこでE氏は，ごまかそうとする自分に気づいたときに「"やったほうがいい"ことは，"やらなければいけない"こと」という格言を自分で創り実行した（「意味の実現」の経験）。

① 「意味の実現」の「実現」

　「意味の実現」にはいくつかの段階がある。「意味の実現」の「実現」には，「自己概念」に沿った何らかの行動による「自己概念」の「確認」「強化」「応用」の意味が含まれている。

　例えば第1章・事例3の木村さんは，キャリアカウンセリングを通じて仕事上の「自己概念」を，「仕事の成功は人とのつながりだ」というように言葉にすることができた。例えば会議の席や，部下との関係などでそのこと（人とのつながり）を実行した。これが「意味の実現」行動である。その行動を通じて，改めて自身の「自己概念」が「確認」できれば，それは「強化」されるかもしれない。

　あるいは，仕事上での「自己概念」を趣味のゴルフにも活かそうと考え，「ゴルフの楽しさは人とのつながりだ」と考えて実践した結果，今まで以上にゴルフを楽しむことができた，というような場合，仕事上の自己概念の趣味への応用が「自己概念の成長」につながったと言える。

　このように「意味の実現」からもたらされるものは，「自己概念」の「確認」「強化」「応用」であるが，それらも「自己概念の成長」であると捉える。

② 「ありたい自分」の再確認

　最初の段階は，「ありたい自分」をしっかりと自分のなかに定着させる作業である。それを「人生のなかで根を張る」作業と呼んでいる。

　この作業は「自己概念」が形作られてきたプロセスを逆にたどることになる。人生のなかでさまざまな経験が統合され意味を持ち自己概念（良しとするモノの見方・捉え方）が形成されてきた訳であるが，この作業はその自己概念を形成してきた背景にある「ありたい自分」を視点に人生を眺めていくということになる。または，もともと根を張っていたものを確認する作業とも言える。

　ある映画を観ていた男性は，映画の主人公が世界に通用する新商品の開発に成功する姿から，これまでの自分を観て"ありたい自分"に「パイオニア」という名前を思いついた。その後，今までの人生を振り返るなかでも，また現在の日常生活のなかでも，その男性にとって印象に残る人物の生き様，またさまざまな出来事が「パイオニア」という言葉の下に説明ができ，自分らしい表現だと実感できることを確認した。

③ 行動テーマの設定／実行

　次が，実現行動の準備作業の段階である。自分自身，または現在職場や家庭などで担っているさまざまな役割を通して，そのステージで「ありたい自分」を実現するためにはどうすればよいかを考える段階である。

　まず自分自身に対して，日常の習慣，態度などを振り返り，「ありたい自分」を実現するためにはどうすればよいかを考える。

　仕事に就いている場合，同僚との間で何をどのようにすればよいか，また会議などで今まではどうだったか，それを今後どうしていけばいいか，家族や友人との間で「ありたい自分」を実現するためにどうしていきたいかを考えるのが，この段階である。

　そして実行する。実行にあたっては，少しずつ感触を確かめながら本格的な実

行に移していくのがよい。

4 「意味の実現」から「経験の再現」へ

「意味の実現」のための行動をし，その行動に対して生まれた経験を再現する，「経験の再現」を行う。この一連が経験代謝サイクルである。

「ありたい自分」の名前が本当に自分の気持ちにぴったり来るものならば，この一連の作業で人生の今までの経験がつながって感じられる。その名前で自分の人生を説明できるようになる。そういう感覚の持てる言葉は，名前であれば「ありたい自分」である。

5 象徴的行為

「意味の実現」の実現行動における，いわゆる「瀬踏み」が象徴的行為である。ちょっとやってみる，という意味である。

象徴的行為とは「俺も捨てたものじゃない」「私にもできるかもしれない」を自分で確認するために取る"ちょっとした"行為である。"ちょっとした"行為なので，それは成功するとか失敗するといったこととはほとんど関係がない。"やる"か"やらない"かの問題である。

象徴的行為は次の大きな目標に向かっていく自信の増大にもつながり，次のステップ，本格的な「意味の実現」に向けた行動を決断する大きな推進力にもなる。「意味の出現」から「意味の実現」への最初のステップである象徴的行為は，見方を換えれば小さな「意味の実現」とも言える。

8 関係性の条件

関係性とは「自分をどう認識するか」「相手をどう認識するか」の相互作用である。そして，キャリアカウンセリングにおいて相手をどのように認識するか（自分自身をどのように認識するかにも関係する）は，キャリアカウンセリングそのものをどのように認識するかに関わる。キャリアカウンセリングの人間観でもある。

ところで，この関係性を特に重視したのは，クライエント中心療法の創始者であるカール・R・ロジャーズである。彼は，有名な「人格変化の必要十分条件」のレポートのなかで，相談者の人格変化に寄与する重要な条件としてカウンセラーの態度を挙げた（H・カーシェンバウムほか＝編［伊東 博ほか＝監訳］

(2001)『ロジャーズ選集（上）』誠信書房［p.267］）。彼は，カウンセラーの基本的態度として有名な3条件を挙げた。つまり「受容」「共感（的理解）」「（自己）一致」である。この3条件についての解説は，多数の専門書に掲載されているので割愛する。

　ここで強調したいのは，目的である。前述の3つの態度を，あたかもカウンセリングの目的であるかのように理解しているカウンセラーを見かけるが，これはあくまで条件であって目的ではない。ロジャーズは，カウンセリングの目的は「不適応者に適応を促す特別な行為」と言っている。その目的を達成するための条件としてこれらを述べた。つまり，カウンセラーがこれらの態度をクライエントに示せば，クライエントの防衛は解かれ，自身が経験している意味を歪曲することなく理解し，適応へと変容する，と考えたのである。強調したいのは，「自身が経験している意味を理解する」という部分である。端的に表現すると，「カウンセラーの基本的態度は，クライエントに，経験の意味をもたらす」と言える。

　経験代謝サイクルのなかで述べている「関係性の条件」は，これまで観てきた「経験の再現」「意味の出現」「意味の実現」のそれぞれが円滑に機能するための条件である。経験代謝理論で考える条件の各項目とその解説については，第II部－応用編に掲載したので参照されたい。

9 関係性を超える

　前述の通り，関係性とは，「自分をどう認識するか」「相手をどう認識するか」の相互作用である。まず，キャリアカウンセラーが相談者をどう認識するかであるが，社会のなかでは，さまざまな関係性がある。例えば教師と生徒，医者と患者，上司と部下……さまざまな関係性があり，その認識の下に社会生活が営まれている。キャリアカウンセラーが目の前に座っている相談者をどう認識するか，相談者が目の前のキャリアカウンセラーをどう認識するかについて考えたい。

　対人支援業務という言葉があるように，キャリアカウンセラーと相談者の関係を支援する人，支援される人，という関係性がまず考えられる。たしかに通常キャリアカウンセリングはそのような関係性の下に行われる。「関係性を超える」とは，そのような関係性の上に新たに関係を構築することをいう。支援する人，される人の関係の上に新たな関係を構築する訳である。その関係とは，言ってみれば「協力し合うパートナー」としての関係である。または，役割は傍らに

置き，人と人との関係で関わる，という意味である。キャリアカウンセラーからは，前に座る相談者は，支援を求める人である同時に課題を共有し，協力し合うパートナーでもある，という認識の仕方である。

冒頭に述べたように関係性の認識は，キャリアカウンセリングというアプローチそのものの位置づけ，キャリアカウンセリングとは何なのか，ということの理解に関わる。

例えば，風邪を引いて自宅近くのかかりつけの病院に行った。そこの医師は，病状を聞き，薬を処方する。それは，医者は病気や怪我を治療する人，患者はそれらを治してもらう人という相互の認識の下に医療行為がなされているからである。例えばこの関係を「病気に罹りにくい生活習慣を定着させる仲間」とは相互に認識していない。もし，医者と患者の関係性を「協力し合うパートナー」と考えるとすると，治療や医療行為とは何なのか，という問題へと発展的に展開していく。これは，介護をする人，介護をされる人の関係性でも同様である。

同様に，キャリアカウンセリングにおいて相談者を，支援を求めてやってきた人とのみ観るのではなく，協力し合うパートナー，人と人との関係で観る。このことは，キャリアカウンセリングそのものの認識を深めることになる。

カウンセリングは「不適応者に適応を促す行為」だとすると，カウンセラーの前に支援を求めてくるクライエントを「不適応者」と観てしまわないだろうか。カウンセラーは専門性を発揮するために，むしろクライエントに対してそのような見方をするほうが，よりカウンセリングを効果的なものにするのかもしれない。しかし，その反面，豊かな人間性を捨象してしまうことにもつながるのではないかとも思うのである。

キャリアカウンセリングは専門家による意図的な関わりである。その意図が問われるところであろう。キャリアカウンセリングは「自己概念の成長」を目的としている。その目的を意図した関わりが何なのかである。その人が大事にしている「いとしい自分」，その人が「ありたい自分」に沿った「良い」と思う方向を，相談者と一緒に明確にしていこうとする関わりではないかと思う。

10 経験代謝は再帰的

経験代謝サイクルの構造は再帰的と言える。再帰的，または再帰性とは何なのか。

①　再帰性とは何か

　再帰的（性），とは聞き慣れない言葉かもしれない。しかし身近なところでその機能は使われている。例えばトースターや湯沸かし器などには温度を管理するために「サーモスタット」という器具が使われているが，この「サーモスタット」の仕組みは再帰的である。「一定の温度に達した」という情報によって自動的に電気を切る仕組みである。例えばトースターは，スイッチを入れるとパンを焼くために熱を上げていくが，サーモスタットはトースター自身が発した一定の温度情報を受け取って，その情報に基づいて電源スイッチを切る。トースターが発した情報（温度情報）を再びトースターが受け取るということである。この機能を再帰的（性）という。

　「再帰性」という概念は，器具の仕組みだけではなく，さまざまな分野で使われている。社会学者アンソニー・ギデンズは「諸個人自らの行為に関する情報を，その行為の根拠についての検討・評価し直す為の材料として活用すること」という表現で，社会のための人間活動を説明する考え方として再帰性を概念化した（宮台真司・仲正昌樹（2004）『日常・共同体・アイロニー──自己決定の本質と限界』双風舎［pp.45-46]）。

　また，宗方比佐子は，キャリアカウンセリングの考え方を「論理実証主義的世界観」と「構成主義的世界観」に分け，キャリアカウンセリングの要素ごとにその考え方を比較している。そのなかで，キャリアカウンセリングの要素「変化の特徴」という項目に対して，構成主義的世界観の考え方としてこの「再帰性（Recursive）」を挙げている（宗方比佐子（2012）「構成主義的キャリアカウンセリングの現代的意義と課題」『金城学院大学論集　人文科学編』8-2；125-134／Patton, W. & McMahon, M.（2006）*Career Development and Systems Theory : Connecting Theory and Practice.* 3rd Edition. Sense Publishers）。

　経験代謝理論に基づくキャリアカウンセリングは，再帰的である。それは，「経験を鏡とする」という言葉に表れている。「経験を鏡とする」は，言葉が省略されている。「相談者が語る経験を，相談者が自分自身を観る鏡とする」ということである。この言葉を前述したギデンズの定義「諸個人自らの行為に関する情報を，その行為の根拠についての検討・評価し直す為の材料として活用すること」に対応させて考えることができる。相談者が発した相談者自身の情報，つまり相談者自身が語る「経験」を，相談者が自分自身を知るための情報として活用する，ということである。「諸個人」とは「相談者」にあたり，「行為に関する情報」とは「（相談者の語る）経験」を指すと考えられる。「経験を鏡とする」は，

当然キャリアカウンセラーであるあなたの役目として心がける必要がある。ここで経験代謝サイクルの図（図2［p.38］）を改めて確認いただきたい。

② 相談者の「語り」を「経験」とみる

　経験代謝は，「『経験に映る自分を，観る』という考え方を中心としたキャリアカウンセリングの理論」である。経験代謝に基づくキャリアカウンセリングが再帰的な特徴を帯びるのは，それはキャリアカウンセラーが相談者の「語り」を「経験」とみて問いかけるからである。つまり再帰的な問いかけは，「経験」を前述のように「出来事＋感情／考え」と意識したうえで行うことで実現すると言える（図7）。

　しかし，ここで改めて「『経験代謝』においては……」と限定する必要はないのではないかとも考える。「経験」は，主観的なモノであり，語る本人が意識するか否かにかかわらず，その人らしさは現れるのである。再帰性とは，創り出された理論ではあるが，その本質は人間性に基づいた自然な考え方と言える。そして経験代謝においてもそれは同様である。

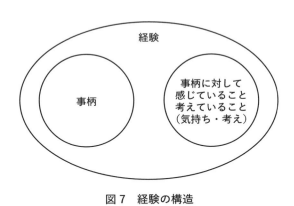

図7　経験の構造

11 経験代謝と教育

　第1章の図1「自己概念の成長」で，"4重円"を示した。そこで「他人事の世界」は「可能性の世界」でもあるとした。つまり，「自己概念の成長」の糧とな

る経験はこの世界の経験であり，それらの経験を「自分を含む世界」に取り込むことで「心の成長」「自己概念の成長」を図ることができるからである。この「『自分を含む世界』に"取り込む"」は，学校教育の現場でも応用がきく考え方だ。なぜなら，学校の「教科教育」で生徒が学ぶさまざまなことも，最初はこの「他人事の世界」の事柄だからだ。

　つまり，学校で学ぶ生徒それぞれが，それら教科の内容を，彼らが世界を認識するための情報と為し得ていない可能性がある。

　「他人事の世界」の次元にある「事柄」を「自分を含む世界」に取り入れるにはどのようにすればよいだろうか。それは「他人事の世界」の次元にある「事柄」を「自分の言葉で語る」ということである。換言すると「他人事の世界」の次元にある「事柄」を「自分を含む世界」に取り入れるためには，すでに自分のなかにその意味をはっきり認識できる，あるいは慣れ親しんだ言葉で語り直す必要がある。そして「他人事の世界」の事柄を「自分を含む世界」に取り入れることを促すということは，「自己概念の成長」を促すということであり，それがキャリアカウンセリングの目的である。

　学校現場において，生徒にとって教科内容は往々にして「他人事」の次元にある。それを「自分事の世界」に取り入れるための工夫をした授業の例を紹介しよう。

　　　　『容疑者Xの献身』の主人公である私立高校の数学教師石神が，「微分積分
　　　なんて一体何の役に立つんだよ。時間の無駄だろうが」と文句を言う生徒に
　　　対して，その生徒がバイク好きなことを踏まえて，オートレースで微分積分
　　　が使われていると話すくだりがあります。
　　　　「いっておくが，俺が君たちに教えているのは，数学という世界のほんの
　　　入り口にすぎない。それがどこにあるかわからないんじゃ，中に入ることも
　　　できないからな。もちろん，嫌な者は中に入らなくていい。俺が試験をする
　　　のは，入り口の場所ぐらいはわかったかどうかを確認したいからだ」
　　　　　　　（インターネットブログ「やっぴらんど，生きる働くキャリア教育」
　　　　　　　　　　　　　　　　　　　　　　　　（2006-09-05）から引用）

　学校の「教科教育」で学ぶさまざまなことも，最初はこの「他人事の世界」の事柄である。『容疑者Xの献身』の石神先生に質問をした生徒にとって「微分積分」は「他人事の世界」に存在する事柄だった。しかし，石神先生は，この生徒

が好きなバイクに関連したオートレースを例に取り，そこで「微積分」が使われていることを説明した。そこでこの生徒にとって，はじめは自分とは「つながり」のない，よって興味も関心もなかった「微積分」につながりを感じたのではないか，と考えることができる。

　バイク好きのこの生徒の「自己概念」と「微積分」がつながったと言える。つまり，バイク好きの自分にとって，「微積分」を知ることは自分の「自己概念」と「一貫性」があり，「かわいい自分」を確認することにつながる，という認識を持ったものと考えることができる。

第3章
セルフスタディ・スーパービジョン（S-SV）

1 キャリアカウンセリングの心がけ

　セルフスタディ・スーパービジョン（S-SV）は，キャリアカウンセリング実施後の振り返り手法であるが，まずキャリアカウンセリングを実施する際の「心がけ」について考えてみよう。

1 キャリアカウンセリングの目的とは何か

　キャリアカウンセラーが自身の役割を意識して，これからキャリアカウンセリングを行おうとするとき，最初に心がけなければいけないことは，その目的となる「自己概念の成長」である。

　「自己概念の成長を支援しよう」と意識した上で相談者の話を聞くことで，相談者が語る経験の意味をその方向で読み取ることができる。

　キャリアカウンセリングの目的を「問題の解決」「意思決定の支援」だと考えるキャリアカウンセラーがいるかもしれない。経験代謝理論では，「問題の解決」「意思決定の支援」を「自己概念の成長」の一部と考える。重要なのは，それが目的ではない，と捉えることである。

　キャリアカウンセリングの目的は「自己概念の成長」だと，何となく"アタマ"で理解しているつもりでも，結果的に「問題解決の支援」「意思決定の支援」が目的になっている場合もある。

　どうしてそうなるのだろうか。それは，相談者の語る経験を，その「人」（相談者）がどう考え，どう感じたか，つまりその相談者の「モノの見方，考え方」ではなく，「事柄」すなわち「どんなことが起こって，それをどうしたのか」に注意を向けたことが原因ではないかと考える。「問題解決」「意思決定の支援」が目的だと意識したのではなく，「問題解決」「意思決定の支援」とは強く意識していないにもかかわらず，「事柄」が起こった原因は何か，解決を図るための方策

は何か……と考えながら相談者の話を聴いてしまうため，結果的にあなたが行うキャリアカウンセリングは「問題解決」「意思決定の支援」の方向へと"自然"に向かっていくのではないか，と考える。

「問題解決」「意思決定」はあくまでも「自己概念の成長」を支援していく上での一里塚，途中超えていかなければいけない節目であるが，それを超えてその"先"を目的と考えることがキャリアカウンセリングである。

目的をどう考えるかによって相談者から聞こえてくる内容が変わってくる。

② 相談者に意識を向け，良好な関係を築くための心がけとは何か

相談者に，自分自身を好意的に観てもらい，自分自身の可能性に気づいてもらうためには，どのようにするのか。「苦しい経験」「モヤモヤした経験」または「嬉しい，楽しい経験」を話す相談者の気持ちを感じ，そう感じていると態度や言葉で示すことである。

相談者があなたをどう認識するか，あなたが相談者をどう認識するかの相互作用が関係性である。良好な関係性を築くためには，まず，あなたが相談者に「好意的関心」を示す必要がある。意識を相談者に向け，相談者の気持ちを聴き取ることが最も重要である。

例えば，次のようになるだろう（CC＝キャリアカウンセラー／CL＝相談者）。

CL：最近会社でモヤモヤすることが多くて。
CC：何かありましたか？
CL：大幅な人事異動があったんです。

この相談者は，モヤモヤしたことを話そうとしている。少なくとも嬉しい，楽しい経験を話そうとしていないことがわかる。大幅な人事異動がきっかけのようだ，何か不本意な思いをしているのかもしれない。キャリアカウンセラーであるあなたは，そんな思いを頭に巡らせながら「モヤモヤってどんな経験をしたのかな」と好意的に関心を寄せながら話を伺う。ここで強調したいのは「不本意な"思い"をしているかもしれない」ということである。それは「大幅な人事異動」という「事柄」だけではない。それに対して相談者が何を感じたのかを，あなたは感じ取る必要がある。それを感じ取ってもらえた，感じ取ろうとしている，と相談者が受け取ったとき，相談者は「この人は，私の心模様をわかろうとしてく

れている」と，あなたの「好意的関心」を受け取るのである。

「好意的関心」は，自然に表情や言葉に現れることが望ましい。しかし，意図する必要もある。「心がける」のである。

③ 相談者は何を求めて相談に来るのか

「相談者は支援を求めて相談に来る。求める支援の内容は，千差万別，一概には言えない」と，あなたは応えるかもしれない。

相談者は"何か"を求めて相談に来る。何かとは「自己概念の確認」のことである。「嬉しい」「楽しい」「心が躍る」経験も，「悩み」（「不安」「心配」「やっかいな問題」的内容を総称して「悩み」と記す）に関する経験にも心が「揺らぐ」。特にキャリアカウンセリングの来談者が語る経験は，「悩み」が多い。「悩み」を相談に来る相談者は，どうして「自己概念の確認」を求めるのか。それは自信がなくなってきたからである。「そうだ！」「良い」と思っていた考え（自己概念）に対して，「そうだろうか？」「良かったのかな？」と思ってしまう経験をしたからである。

3つ目の心がけは，相談者が語る経験を「自己概念の揺らぎ」と観る，ということである。

むろん相談者は「先日，こんな出来事があって，自己概念が揺らいでしまいました」とは言わない。それは，キャリアカウンセラーであるあなたがその方向にアンテナを立て，そのように聴き取る必要がある。特に相談者の経験内容が「悩み」に関するものであれば，その揺らぎの意味は「自己概念が脅かされる」というメッセージを含んでいる。

自己概念とは「ありたい自分」に意味づけられた「モノの見方，考え方」である。そこには，自尊感情，プライドが内包されている。それが「揺らぐ」「脅かされている」のである。「悩み」の経験の場合，本来の自分に自信がなくなってきている。「見たくない自分」が見えそうになっている，ということである。

「自己概念の成長」を意図することと，「自己概念の揺らぎ」に意識を向けて相談者の話を聴くことは対応している。つまり，キャリアカウンセリングの目的である「自己概念の成長」を意識し，その方向でキャリアカウンセリングを進めようとするときに，相談者の言葉のなかに「自己概念が揺らいでいる」という内容を聞き取ろうとするアンテナが立つ，という意味である。

しかし，キャリアカウンセリングの対象となるテーマは「悩み」ばかりではない。「嬉しい」「楽しい」「心がふるえる」経験もその対象である。その際は，「あ

りたい自分」に意味づけられた自己概念そのものの意味が投影された経験をしていると言える。そのときの「揺らぎ」は，自己概念の強化につながる経験である。その際も自己概念の確認がまず行われることになる。

④ 経験代謝理論における関わりは「再帰性（的）」

再帰性については，第2章で説明した。ここでは，改めて事例を通して，心がけの観点から解説する。

①相談者の「語り」を「経験」とみる

前述の事例1「介護を苦にする女性」（第1章）の例を再度観ていただきたい。キャリアカウンセラーAは佐藤さんに「ご主人がお父さまに厳しく接する様子が，佐藤さんにはどのように観えるのか」と問いかけている。これは「自らの行為」に関する検討や評価を，その本人の意味づけに向けて問いかけている。その人のモノの見方，考え方に向けて問いかけている。キャリアカウンセラーAは，相談者佐藤さんの経験の背後で動く，感情や考えに向けて問いを発している。つまり「相談者が語る経験を，相談者が自分自身を観る鏡とする」という意図の下に問いかけている。

経験代謝理論は，「『経験に映る自分を，観る』という考え方を中心としたキャリアカウンセリングの理論」である。経験代謝理論に基づくキャリアカウンセリングが再帰的な特徴を帯びるのは，それはキャリアカウンセラーが相談者の「語り」を「経験」である，とみて問いかけるからである。つまり再帰的な問いかけは，「経験」を前述（第2章・図7）のように，「出来事＋感情／考え」と意識した上で行うことで実現すると言える。

経験代謝サイクル（第2章・図2）では，経験を語る「人」（相談者）と，その「経験」とが離れて描かれている。それは経験に投影されている「人」の「モノの見方，考え方」を客観視するため，"よく"観るためである。

人は自分自身の考え（自己概念）が変わった，と気づく前に「考えが変わった何らかの経験」をしている。そしてその経験について感じたこと，考えたことは語ることができるが，その背景にある自分の自己概念が変わったことには通常気づかないことが多い。そこが重要なところである。キャリアカウンセリングで相談者に経験に映る自分を観てもらう意味もそこにある。経験代謝理論によるキャリアカウンセリングの重要な部分である。

だからこそキャリアカウンセラーが経験の再現を促す意味を，「キャリアカウ

ンセラーの役割」としてしっかり理解していなければならない。良くない例として，ケース実施後「相談者には，何かまだ語っていない経験があったように思う。それを知りたかったが，聞き出せなかった」というような振り返りをする場合がある。そうではなく，「経験を鏡とする」心がけを通じて，キャリアカウンセラーが「知りたい」「聞きたい」という動機の下に経験の再現を促すのである。つまり「経験を鏡にする」という心がけである。「知りたい」「聞きたい」という動機を否定するのではなく，その動機の下に経験の再現を促す，ということである。

経験を語る相談者は，そこに自分の「モノの見方，考え方」が投影されているとは思っていない。したがってキャリアカウンセラーが「問いかけ」などにより，相談者にとってそれが自分の自己概念を映す「鏡」になるように働きかけなければならない。「経験を鏡とする」よう“心がける”のである。

❷ 逐語録の作成

それでは，次にS-SVの対象となる逐語録の作成に移ろう。

① 準備段階
①逐語録作成の承諾を取る──守秘義務の遵守

キャリアカウンセリングの記録（以下，ケース記録）を利用する方法について，まず事前に相談者の承諾が必要である。S-SVだけに利用する場合は，自分自身の振り返りなので，そのように承諾を取り，第三者のスーパーバイザーの下で検討するためならばそのように告げた上で承諾を取る必要がある。改めて確認するまでもないが，守秘義務の遵守はキャリアカウンセラーが守らなければいけない倫理として，基本中の基本である。そして承諾を取った範囲で使用する。

相談者は，本当は「断りたい」と思っていても，言い出せないが故に，ついつい意に反して「結構です」と承諾してしまうことがある。相談者との関係は，キャリアカウンセラーの認識においては対等であっても，相談者の認識は，少なくとも最初はそうではなく，キャリアカウンセラーに対して「断ってはいけない」と遠慮が働くことが考えられる。対等という認識ではない訳である。その際，表現はともかく「断っていただいて結構ですよ」という主旨の「断る」選択肢を，キャリアカウンセラー側から相談者に対して，改めて提示する必要がある。

②記録の形式（フォーマット・時間）を決める

　キャリアカウンセリングを記録する方法は，録音，ビデオなどの映像，逐語録などが考えられる。振り返りの際，詳細に検討できる形式を考えると，録音した音声を文字として残す，つまり逐語録を作成することが望ましい。昔のように手書きで作成したときと比べれば，現在はパソコンが一般的になり，随分負担は軽減されたと思う。しかし，それでもかなりの労力が要求される。

　そこで，キャリアカウンセリングを1時間行ったとしても，全部逐語録にする必要はない。そうするに越したことはないが，部分の記録でも十分検討はできる。逐語録は部分でよい。

- 最初の10分：相談者が何を話に来たのかは，ほとんどの場合，最初に語られる。「経験の再現」にあたる部分である。
- 途中の5分：後から考えて，うまくできなかった部分，検討したい部分，または，重要な事柄と思われる内容（何が重要か，は別途解説する）が話されている部分，話題が転換した部分などである。
- 締め括りの10分：そのキャリアカウンセリングが継続するか否かは別にして，その回の終り方がどうだったかがわかる部分である。

　上記の時間はあくまで目安である。自身で検討するための記録なので何のために記録を取るのかを認識していることが重要である。「どこがポイントか」を自覚するにはキャリアカウンセラー自身の力量が要求される。「どこがポイントか」については，後述する「全体の振り返り」および「個々の振り返り」で詳しく説明する。

③心理的抵抗に備える

　逐語録を取ることは，「時間がかかって面倒だ」ということ以外に，精神的な抵抗が考えられる。自分の声を聴きつづけることへの抵抗，上手く行かなかった経験を再確認することに対する抵抗などである。これらの抵抗は作業の効率を下げるかもしれず，できるだけ軽減したい。それに対する「特効薬」はないが，抵抗に抗うことが精神的負担となる。抵抗のある作業をしている，と認めることが逆に抵抗を和らげる。また，できるだけ客観的な態度，あたかも「第三者のケース」であるような観方を取ることも試してみてはどうか。いずれにしても，逐語録は自身のキャリアカウンセリングを振り返るための有効かつ重要な資料と心

得，まずこの作業を行うことが第1のステップである。

② 作成段階

①客観的事実の記録

まず簡単なところから始める。ここは自身への問いかけではなく，客観的事実の記録である。

- キャリアカウンセリングを実施した年月日，場所，実施時間（〇〇分）
- 相談者の性別，年齢，服装，その他（持ち物，髪型の様子，見た目からの全体印象）
- 相談者との関係（例えば，友人関係，仕事での知り合い，大学の学生，受給調整機関の来所者など。また何度目の面談かなど）
- 面談時の状況（喫茶店などで回りが騒がしかった，どちらかが約束の時間に遅れて来た，寝不足でイライラしていた，など）

②逐語録の作成

以下は，実際の逐語録を作成する際の要領である。ここではあるキャリアカウンセラーが行ったキャリアカウンセリングの逐語録を例として示す。最初の数分間である。

CCは，それがキャリアカウンセラーの発言であることを示し，CLは相談者である。そしてCC，CLそれぞれの会話に対し順番に番号が振られている。振り返りの際，どの会話なのかを特定し，メモを取るような場合に必要となる。

モデルで示した形式と同様のフォーマットでまとめる必要はない。どのようなフォーマットでも必要な要素が掲載されていればよい。例えばCLとCCの発言を左右で対応させる形式なども，よく使われている。

CL1を参照いただきたい。「最近このままでいいのかなあと。（はい）」。このなかに「……（はい）……」とある。（　）内は，キャリアカウンセラーの発言である。このように短い「うなずき」や「あいづち」などは，相談者の発言のなかに（　）内に表記すると簡便でわかりやすい。

CL2「……（テレビ見終わった後（笑））」なども同様である。相談者の発言のなかにキャリアカウンセラーの短い発言が（　）内に表記されている。

また5秒，10秒と沈黙のあった場合は，（沈黙5秒）とだけ書いておけばよいだろう。

逐語録は会話を文字で表現したものである。映像の場合は表情，態度が見て取れるが文字情報の場合はそれらが抜けがちである。先ほど挙げたCL2の（……（笑））とあるように印象に残った表情や態度を挿入しておくと，そのときの場面情報が記録に残せてよい。印象に残った表情や態度は極力記録に挿入しておくようにする。

例：「テレビを観てしまう主婦」Eさんのケース

①客観的事実の記録

- キャリアカウンセリングを実施した時間：15分
- 相談者の性別，年齢，服装，その他：40歳代・女性

番号	逐語録
CC1	今日はどんなお話ですか？
CL1	最近このままでいいのかなあと。（はい）仕事はいいんですが，家に帰るとやることたくさんあるのにテレビばっかり見ていて。こんな過ごし方してちゃいけないってすごく感じるんですけど，なんか切り替えられなくて。
CC2	どんなときにこんなんじゃいけないなと思うんですか？
CL2	そうですね，まぁ，テレビ見終わった後だと思うんです（テレビ見終わった後（笑））。
CC3	じゃなんかこう，いけなかったって，後悔されるんですか？
CL3	いや，後悔というわけではないんですけど，こんな無意味というか，怠惰な生活でいいのかなあと思って。怠惰な生活でいいのかな，うーん……なんか，どうなりたいんですかね。

③ 逐語録を読む

①最低3度読む

まず，逐語録はじっくりと"最低3度読む"必要がある。

漫然と読んでは意味がない。意識的に何らかのアンテナを立てて読むことが重要である。アンテナの方向は大きく分けて2つある。ひとつは"相談者"の方向，もうひとつは"介入"，つまりキャリアカウンセラーであるあなた自身に意識を向ける方向である。そして3度目はもう一度"介入"に意識を向けて読むのである。それぞれのアンテナの方向を意識しながら逐語録を吟味していく。したがっ

て逐語録は，最低3度読む必要がある。

② 1度目は"相談者"に注意を向けて全体を読む

　あなたは，一度キャリアカウンセリングを実施したときに経験してはいるが，改めて「この人（相談者）は，何を話そうとしていたのだろう，何を感じて，何を考えたのだろうか」「この人は，何を経験しているのだろうか」と，相談者の語りにアンテナを向けながら全体を読む。

　相談者は，何らかの出来事に遭遇して，何かを感じ，何かを考えて相談に来る。何を感じ，何を考えたのかを改めて読み取る。誰が，どこで，いつ，などの要素，つまり「事柄」を聞き取る（読み取る）ことは比較的容易である。しかし，キャリアカウンセラーとしてアンテナを立てなければいけないのは，相談者がそのように感じ，考えた背景である。

　「事柄」の理解に留まってはいけない。キャリアカウンセラーの専門性にかけてアンテナの感度を高めなければいけないのは，相談者自身の意味づけ，その人ならではの背景，自己概念にアンテナを向けて読むことが，相談者に意識を向けて読む，ということである。「事柄」だけではなく，「人」（相談者）に意識を向けて読む，ということである。

③ 2度目は"介入"に注意を向けて全体を読む

　個々の介入の吟味が必要である。しかし，介入の背景で，事例全体に流れるキャリアカウンセラー，つまり，あなた自身の意図を感じる必要がある。それは，そのキャリアカウンセリングを実施した自分自身の意図を逐語録から客観的に読み取り，改めて「そのとき」あなたが抱いた"感じ"や"考え"を読み取る，思い出してみる，ということである。

　例えば，あるキャリアカウンセリングで相談者が「大学のゼミの仲間から，『久しぶりに集まろう』という案内が来た。行っても話すことって特にない。でも結局は参加する，どうしてかな……？」と言ったとき，キャリアカウンセラー（自分）は「話すことがないのに断らないのですか？」と問いかけている。改めて読み返し，そのとき「それなら断ればいいじゃないか」という考えがよぎったことを思い出した」（相談者の経験から目を逸らす関わり）。このように，そのとき，自分に何がよぎったのか，キャリアカウンセリングをしたときに受けた相談者からの印象やそのとき浮かんだ情景などに注目して，改めて相談者の語りを読み，そのときをイメージしながら自分の気持ちを振り返りながら読む。そのと

きよぎった疑問などが，問いかけなどの介入に現れていることが発見できるだろう。

④3度目はもう一度"介入"に注意を向ける

逐語録の"介入"の部分をもう一度読む。ここまでで，事例全体の内容はほぼ頭に入っている。3度目は，全体の流れを描きながら，個々の介入だけに注意しながら読んでいく。いっそう，キャリアカウンセリングを実施したときの印象が読み取れるだろう。

個々の介入の検討に関しては，第II部－応用編・第1章を参考に実施する。

3 相談者とキャリアカウンセラー像のまとめ

1 相談者について

あなたは，相談者をどう捉えていただろうか（相談者の話，相談者自身）。相談者が使った表現（介入）を逐語録から引用し，その言葉を使いながら記入してみてほしい。

ポイント

- 相談者は，何を経験しているのでしょうか。逐語録から読み取り，イメージをふくらませてください。
- 相談者は，どんな人だと思いますか。

■記入上の注意

相談者の語りは，多くの場合「悩み」であったり「心配」や「やっかいな問題」であったりする。

「相談者について」の欄は，相談者の「自己概念の揺らぎ」を中心にまとめることになる。「何（経験）」によって，「どのように」揺らいでいるのかをこの欄でまとめる。

相談者の「語り」は人物像を想像する材料と言える。逐語録の情報の範囲でイメージすることが重要である。つまり逐語録のなかにある相談者の「語り」をどのように解釈するか，その解釈をイメージと表現した。

② あなたのキャリアカウンセリング観

①に記入した内容に関連して，あなたは相談者に，どうしようとしていただろうか。手がかりとなった表現（介入）を逐語録から引用しながら記入してみてほしい。

■ 記入上の注意

逐語録を客観的な目で（あたかも自分以外の誰かの逐語録であるような感覚で）観て，そこに現れるその人（あなた）のキャリアカウンセリングに対する考え方を端的にまとめる。このケースのなかでキャリアカウンセラーは何をしようとしていたか，をまとめる。

4 介入検討のポイント

① あなたの「意図」と「意識」を検討する

①「何を意図したのか」について

検討の対象は，まず「あなたの意図」である。「どうして，そうしたのか」と自分に問いけながらを振り返ることが大切である。つまりあなたの意図である。

「どうして，そうしたのか」，簡単な言葉なので，暗記するとよい。逐語録を吟味する際，常にこのフレーズが自分に呼びかけてくるような状態にしておくイメージである。それくらい重要である。そしてある意味，守り難い。それは，私たちはややもすると「どうすべきか」に気持ちが傾きがちになるからである。

「ケースでは（あのときは），○○と問いかけているが，□□と問いかけるべきだったな」というような振り返りである。端的に表現すると「○○ではなく，□□とすべきだった」となる。

例えば次のようなやりとりがあったとしよう。

CL：仕事が面白くなくて，転職しようかと考えているんです。
CC：どのような仕事をお探しですか？

「この応答は良くなかったな。経験代謝に基づいたキャリアカウンセリングを考えた場合，まず，経験を問いかける"べき"だった」「『どのような仕事をお探しですか』ではなく『何かありましたか』，と問いかける"べき"だった」という振り返り方が，「どうすべきか」という振り返りである。

「どうしてそうしたのか」とは，そのときのキャリアカウンセラーであるあなたの気持ち，頭をよぎった考えや情景を振り返る，ということである。先の例では，CLの「仕事が面白くなくて，転職しようかと考えているんです」という言葉を，「この相談者は，転職を希望しているんだ，転職相談だ」とキャリアカウンセラーは受け取った。「どうしてそうしたのか」とは，キャリアカウンセラーが介入の言葉を発する前提となる，相談者の言葉をどのように受け取ったか，という考えである。前述のやりとりでは，キャリアカウンセラーが「どうしてそうしたのか」，つまり「どのような仕事をお探しですか」と問いかけたのは，その前の相談者の「仕事が面白くなくて，転職しようかと考えているんです」という言葉を聞いて，「この相談者は『転職相談に来た』と受け取った」ということである。それを振り返るには，キャリアカウンセラーであるあなたがその問いかけを行う前の相談者の語りをどのように聴いたのか，その問いかけまでの相談者とのやりとりの流れを再度確認する必要がある。

② 「反省」ではなく「内省」をする

「反省ではなく内省」。これは，「『どうすべきか』の前に『どうしてそうしたのか』」と対応している。「どうすべき」は反省の下に行われ，「どうしてそうしたのか」は内省の下に行われると考える。

まず，「○○ではなく，□□とすべきだった」。これは，「反省」の表現である。「□□とすべきだった」と反省すると，実際のキャリアカウンセリングのなかで「○○」と問いかけた自分が消し去られてしまう。

自分が消し去られてしまうとは，「『○○』と問いかけた自分」つまり，そのときによぎった相談者に対するキャリアカウンセラーの思いや考えが，「○○」という問いかけを実際に生んだのである。「どうすべきか」の前に「どうして，そうしたのか」は，このように，そのときによぎった，相談者に対するキャリアカウンセラー自身の思い，考えを内省することの必要性を言っている。「どうすべきか」に意識が傾く理由のひとつに，「内省」を避けようとするキャリアカウンセラーの心の動きがあるのかもしれない。

「どうして，そうしたのか」と，自分に問いかけながら振り返っていただきたい。

③ 「意識の方向」について

意識の方向とは大きく分けて2つ，「人」か「事柄」か，である。「人」とは，

相談者のことである。

　キャリアカウンセリング実施に当たって，あなたは，「人」と「事柄」，どちらに意識を向けてやりとりしていたか，振り返ってほしい。

　逐語録のなかで，相談者への問いかけなどに現れるあなたの意識が，どちらの方向に向いていたかは，振り返りの手がかりになる。つまり，そのような問いかけをしたときのあなたの意識が，「人」つまり相談者の「モノの見方，考え方」「感情や考え」の方向に向いていたか，それとも「事柄」，つまり相談者が語る出来事に向いていたか，を検討する手がかりになる。

　すべての介入が「人」に向いていればいい，という問題ではない。相談者は，何らかの出来事を経験し，それをきっかけに相談に来ている。その出来事をしっかり聞かなければいけない。したがって「事柄」を聞くことも必要である。

④応答例から考える「人」と「事柄」

　簡単な応答例を通して「人」と「事柄」について考えを深めていこう。相談者を仮にBさんとする。

　　B：大学を2年前に卒業した息子が，仕事もせずに家にいるんです。早くまと
　　　　もな仕事に就かせたいんですが……

　このように相談に来たBさんは，この後キャリアカウンセラーとのキャリアカウンセリングが続く訳であるが，どのように話を続ければよいか，考えてみてみよう。

　相談者の最初の一言をどのように聞き，Bさんをどのように観たか，によって対応が変わる。

　　応答例1：「どういうお仕事を探していらっしゃいますか？」
　　応答例2：「息子さんのことをどんなふうに観てらっしゃるんですか？」

　この2つの応答例を考えてみよう。

　応答例1のキャリアカウンセラーは，Bさんの話を「息子の就職先を探している」と考えていることが想像される。

　応答例2のキャリアカウンセラーは，「仕事に就かず，家にいる息子を相談者はどのように考え，感じているのだろう」と，仕事に就かない息子と暮らしてい

るBさんの経験（出来事＋考え，感情）に興味を持ち，息子にまつわるBさんの考えや気持ちに向けて問いかけている。

応答例1は「事柄」に，応答例2は「人」に意識を向けている。「人」に意識を向けるとは，人の「モノの見方，考え方」，つまり自己概念に意識向けるということである。

キャリアカウンセリングで「事柄」を聴くことは重要であり，必要である。思い出していただきたいのは，「経験」の概念定義である。「経験とは，出来事＋考えや感情」である。したがって「事柄」，つまり出来事だけではなく，「人」，つまり考えや感情に意識を向ける必要がある。

逐語録のあなたの介入を観て，どう思うだろうか。「人」か「事柄」か，意識の方向に注意しよう。

- ●「出来事」と「事柄」
- ●「事柄」は，「出来事」との比較を意識し，使い分けている。
- ●「出来事」には，"不意に起こった"というニュアンスを感じる。「昔の知り合いに道で出会った」など。
- ●「事柄」は「出来事」を含んだ広い意味で使用している。「窓の外に広がる海を見た」などは，不意に起こった，というニュアンスより，もっと広い意味を持った言葉を当てることが妥当という認識である。
- ●「出来事」「事柄」，いずれも客観的事実という意味では同様である。本書では2つの言葉を厳密な定義の下で使い分けている訳ではない。

第**4**章

事例研究
ワークブック

　本章では，7つの事例を掲載する。すべて実際のキャリアカウンセリングをもとにした仮想事例である。

　これらの事例をじっくり読み，「エクササイズ」や「演習」を通して，経験代謝理論に基づいたキャリアカウンセリングをどう進めればいいのかを学んでいただきたい。

1 事例**1**「**10**年前の出来事が気になる女性」

1 客観的事実の記録

- キャリアカウンセリングを実施した時間：15分
- 相談者の性別，年齢，服装，その他：40歳代・女性

2 逐語録

CC：キャリアカウンセラー／CL：相談者

番号	逐語録	相談者に対する感想
CC1	どうぞお話しください。	
CL1	最近ふと，ある人のことを思い出して，何となく気になるので聞いてほしいんです。以前一緒に働いていた，私よりちょっと年上の女性のことです。職場の研修旅行があったんです。現地に着いて自由行動になったんですが，そのときその人がぽつんと一人でいたんです。私はその人のことがあんまり好きじゃなかったんですけど，声をかけて一緒に散策したんです。そんなことがあったなぁ，って思い出すんです。	「最近ふと，ある人のことを思い出して」，最近その人を思い出す，何かのきっかけがあったのかな。

CC2	どんなときに思い出したんでしょうか？	
CL2	この前，たまたまその研修会場の近くにドライブで行って，ふと思い出して。彼女が一人でぽつんといて，あのときに声をかけたらなんか嬉しそうにしてたなぁって。	「声をかけたら嬉しそうに」，それは何かいい思い出のようだ。
CC3	嬉しそうにしていたのは声をかけたときですか？ それとも会話をしたときですか？	
CL3	声をかけたときじゃなくて，その後，何となくだと思う。私がその人をあまり好きじゃないのをたぶんその人はわかっていたと思う。それで，一緒にケーキを食べていたときに「本当にごめんね，ありがとう」みたいなことを言ったんですよね。	そのときの様子が浮かんでこない。どうしてその人は「本当にごめんね」と言ったのかな。
CC4	その人がAさんのことをあまり好きじゃない？	
CL4	いや，私がその人のことを好きじゃないのを，その人が感じ取ってた。	その女性は，自分のことを「あまり好きじゃない」Aさんが声をかけてくれたので，「本当にごめんね」と言ったのだろうか。何か語られていないものを感じる。
CC5	Aさんはあんまり好きじゃないのに，話しかけた。そのときどんな気持ちで声をかけたんですか？	
CL5	それが不思議なんですよね。なんで声をかけたのかな？ たぶん取り残されたように見えたのが気になったんだと思う。ちょっと浮いてた人だったんです。私と一緒にいた人も，その人のこと好きじゃなかったし。	「取り残されたように見えた」から声をかけたのだろうか。何人か一緒にいたんだ。
CC6	Aさんは一人じゃなかった？ もう一人一緒にいたんですか？	
CL6	よくわからないけど，4〜5人いたと思う。なんか不思議な場面でした。普通だったら一緒にいないメンバーが一緒にいた感じ。	「不思議さ」があまり伝わってこない。

CC7	4～5人ってことだけど，ほかはどんな人がいたか覚えていますか？	
CL7	それから……心優しい女の子がいたんですよ。その人は何か感じ取って一緒に来てくれた気がするんですよね。そして元々私と一緒にいた人も，彼女のことあんまり好きじゃなかったと思うけど，何かわかってくれて一緒に来てくれているように感じたんですよ。	「何かわかってくれて」って，何をわかってくれたのかな。「心優しい女の子」って印象に残る表現だ。
CC8	Aさんがやろうとしていることに賛同してくれている。	
CL8	そう，そんな感じ。	
CC9	今そのことを語っているAさんはどんな気持ちですか？	
CL9	私は好き嫌いがすごくはっきり顔に出るので，周りの人も私が彼女を好きじゃないことを知ってたと思う。だから，私が彼女と一緒に行こうとしたときに，付き合ってくれたんだと思うんです。	「周りの人も私が彼女を好きじゃないことを知ってた」から「付き合ってくれた」，Aさんには，そう見えたんだ。
CC10	なんかすごくあったかい場面に感じましたが，Aさんはどんなふうに感じました？	
CL10	うん，そうですね。なんか微笑ましい感じ。すごく心温まる気持ちですね。仕事ではわずらわしい相手だけど，他の人が思いを汲み取って関わってくれて一緒にいてくれた。そしてその人にも，なんかみんなの思いが伝わった。心が温まるというか，心が詰まる感じ。	Aさんには，そんな風に感じた経験だったんだな。「心が温まるというか，心が詰まる」って大変大きな経験だったんだ。しかし，Aさんの語りからそこまでの感情は共有できない。
CC11	その人にも伝わった。それから何か変わりましたか？	
CL11	変わったというか……好きじゃないけど，気になる人だなぁと。	変わらなかったんだな。
CC12	何が気になるんでしょうか？	
CL12	うーん。その人は上に媚びるというか，そんな	「すごく痛々しく」，そんな

人で。例えば駐車場で，上司の駐車場に来客の
人が知らずに停めたりすると，警備員さんにす
ごく文句を言いに行ったりする人なんです。来
客の人は知らないから仕方ないのに。そういう
のが，すごく痛々しく見えて。

感じで見ていたんだ。その
人を痛々しく見せている，
Aさんの自己概念は何だろ
う。

CC13 痛々しい？

CL13 元々非常勤で来た人なんです。その上司に気に
入られて，どんどん上がってきた人。でも好き
好んでやってるんじゃないという感じかな。自
分を大切にしていないというか。

「自分を大切にしていない」
だから「痛々しい」のか
な。そのつながりが，わか
るようで，わからない。

CC14 救ってあげたいということでしょうか？

CL14 うーん……。例えば自分が腹くってゴマする
んだったらいいんですよ。でもそうじゃない。
そこしか拠り所がなくて必死でゴマすってるよ
うに見える。それなのに周りからはどんどん嫌
われる。「ごめんね」って言われたのが，「気を
遣わせてごめんね」に聞こえるというか。みん
なから嫌われてるのを知っていたように，それ
を聞いたときに感じたんですよね。

なるほど「痛々しい」感じ
が伝わってくる。でもそう
いう人に意識を向けるAさ
んは，その人に何を感じて
いるのだろうか。Aさん自
身，その経験に自分がどう
映っているかつかめていな
い。

CC15 その人はAさんをどう見てたんでしょうか？

CL15 思い上がりかもしれないけど，好意を感じてま
した。立場が上だったこともあるかもしれない
けど，私は思ったことははっきり言うので，で
も私が言うと，「そうですね」って共感してもら
えてるように感じました。でも立場が弱い人に
は偉そうだし……。

これは，逆の方向の応えに
なっている。どうしてかな。自分を大事にしない
で，必死にゴマをする，そ
ういうことを痛々しく思
うAさんが，その人にどう
して好意を感じるのだろう
か。何か最近の経験が投影
されているのではないだろ
うか。

CC16 改めて，その人とケーキを食べたのはAさんに
とってどんな場面でしたか？

CL16 すごく意味のある場面だと思う。10年くらい前

	のことだけど。	
CC17	すごく意味のある場面。意味って？ 表現できますか？	
CL17	考えたら10年くらい前なんですよね。それをふっと思い出すって自分にとって大切な場面だったんだと思う。自分でも今，心が震えて驚いています。	今の何かとつながっているように感じる。

③ エクササイズ

事例について，経験代謝サイクルを踏まえて考えてみよう。

> **Q1.** 問いかけの意図を大きく分けると，「人」つまり相談者に意識を向けたものか，または経験内容，つまり「事柄」に意識を向けた問いかけかに分けることができます。以下に示す4つの介入のなかで，「人」に意識を向けた問いかけはどれでしょうか？ 最も妥当なものを1つ選んでください。

①CC3：嬉しそうにしていたのは声をかけたときですか？ それとも会話をしたときですか？

②CC6：Aさんは一人じゃなかった？ もう一人一緒にいたんですか？

③CC8：Aさんがやろうとしていることに賛同してくれている。

④CC9：今そのことを語っているAさんはどんな気持ちですか？

> **Q2.** 以下に示す4つの介入のなかで，「事柄」に意識を向けた問いかけはどれでしょうか？ 最も妥当なものを1つ選んでください。

①CC10：なんかすごくあったかい場面に感じましたが，Aさんはどんなふうに感じました？

②CC12：何が気になるんでしょうか？

③CC14：救ってあげたいということでしょうか？

④CC16：改めて，その人とケーキを食べたのはAさんにとってどんな場面で

したか？

4 事例に関するヒアリング

　事例に関して，スーパーバイザー（筆者）が，この事例を担当したキャリアカウンセラーにヒアリングをしている。全体の感想や相談者に対する印象とともに，この事例で注目すべきやりとりがどこかを考えていただきたい。掲載した内容は，ヒアリングであり，キャリアカウンセラーに対する指導やアドバイスではない。しかし，スーパーバイザーは何らかの意図の下にキャリアカウンセラーに問いかけている。その意図とは何だろうか。事例の流れをよく読み，みなさんも一緒に考えてほしい。

	ヒアリング
SVor	キャリアカウンセリングにあたってどのようなことを心がけましたか。
SVee	キャリアカウンセリングのなかで，経験の再現がどれくらい有効か確認したく，経験の再現に心がけました。
SVor	結果はどうでしたか。
SVee	ほぼ当初の心がけ通りできました。経験の再現を意識した関わりで，相談者は，どんどん内省していったように思います。経験の再現の効果を実感しました。
SVor	相談者は，何を話したかったと思いますか。
SVee	10年前の職場の研修旅行でのある女性との経験について話したかったんだと思います。
SVor	どうして，相談者は，10年前のことを今話そうと思ったのでしょうか。
SVee	最近，その近くにドライブに行ってふと思い出したから，と言っていました。それが自分にとって大切な場面だったからとも言っています。
SVor	どのように大切なんですか。
SVee	それは聞けませんでした。

5 演習

　「経験の再現」を促すことを意識した，とキャリアカウンセラーは言っている。その反面「意味の出現」に向かう問いかけがあまり見られない。

　相談者は，内省的な人物と思われる。「経験の再現」の問いかけに対して内省を行っている場面がみられる。しかし，その内省に対して，内省を深める問いかけが望まれたが，そのような問いかけになっていない箇所がいくつかある。それについて以下の問いに答えてみてほしい。

> **Q3.** そのひとつとして，CC8「Aさんがやろうとしていることに賛同してくれている」という箇所を挙げることができます。この部分の問いかけについて，CL7での相談者が語った内容を受け，さらに内省を深める問いかけをすることを考えると，どのような問いかけが考えられるかを書いてみてください。

> **Q4.** CC15「その人はAさんをどう見てたんでしょうか？」という問いかけに，CL15では，自分（A）がその人をどう見ていたか，という応えになっています。このやりとりから考えられる相談者の心理を想定し，お書きください。

6 事例解説

- キャリアカウンセラーは，「経験の再現」を意識して関わっている。忠実に「経験の再現」を行っていてその効果は出ている。ただ「相談者に対する著者の感想」をお読みいただいてもわかるように，相談者の自己概念が今一つ現れていない。それは，「経験の再現」の心がけの裏に，「意味の出現」を意識した問いかけが必要なところで，行われていなかったことに起因しているように思われる。「経験の再現」は，ある意味，「意味の出現」へのプロセスでもある。

- キャリアカウンセリングの目的は，自己概念の成長である。「意味の出現」に関する問いかけが欠けていたということと関連しているが，相談者の自己概念が現れていない。そこまで進めるためには，もう少し時間が必要だったのかもしれない。

- **CL15**に対して，**CC16**はいきなり話の流れを変えたように見える。しかし，「観たくない自分」を感じさせる相談者に，これ以上問いかけるのはよくないかもしれないという，キャリアカウンセラーの配慮かもしれない。この後何らかのタイミングで問いかけるならば，この場は適切な対応とも言える。しかし，そのような配慮によるものでなければ，「経験の再現」を意識し過ぎたと見ることもできる。

２ 事例 2「ありたい自分を守りたい女性」

１ 客観的事実の記録
- キャリアカウンセリングを実施した時間：10分
- 相談者の性別，年齢，服装，その他：70歳代・女性／自然体ではあるが意志が強く芯がある印象，感情的でなく落ち着きのある話し方

２ 逐語禄

番号	逐語録	相談者に対する感想
CC1	今お話ししたいことをお話しください。	
CL1	実は，最近ある出来事があって，なんか，すごく立ち向かっていく自分があったんですね。もうそんな世界から，さよならしたいなと思っているのに，そうなってしまう自分って，なんなのかなと思って。	「立ち向かう」って勇ましいな。でもそういう「自分にさよなら」したいんだ。「そうなってしまう」，コントロールできない自分を話そうとしている。
CC2	詳しくお聞かせいただいていいですか？	
CL2	最近，一人暮らししている姉が救急で入院して，姉の代わりに預金を下ろしに銀行に行ったんです。そうしたら証明書を出せとか言われて，窓口の女性と押し問答していたところ，突然支店長らしき男性が出てきて，今すぐ警察を呼ぶ，と。もう，私は，すごく心がざわついて，燃え上がるくらいに怒ったんですね。こういうときに決してひるまないで立ち向かう自分がいるんです。必要以上に，戦っちゃう。一方	このときの「立ち向かう」気持ちは共感できる。でも，「逃げる」という経験も今まではあったんだな。「逃げる」は印象に残る言葉だ。

	で，そういう場面を何回か今振り返ってみると，逃げちゃう自分もいて。	
CC3	戦うだけじゃなくて，逆に，逃げることもあるんですね。	
CL3	そう，どこかでなんか，高圧的な態度に出られると，すごく平常心を失っちゃう私がいるんですね。	「立ち向かう」は「高圧的な態度」が引き金になる。
CC4	高圧的というのは，どんなことをおっしゃっているんでしょうか？	
CL4	事例としては出しづらいけど，上から目線。それから，本人の感情を正論っぽく語ってくる。居酒屋なんかで何人かで飲んでいる楽しい席で，時折，ガラッと変わる人。そういうとき，私トイレに立つんです。それは，逃げている。だけど，時折，戦っちゃう自分がいる。	居酒屋で，何かそういう経験があったんだな。
CC5	その，戦うと逃げるの違いはどんなところですか？	
CL5	逃げるほうが，まだ心の余裕があるかな。しかし，相手に挑みだすと理性を失う自分がいる。	「理性を失う」は強い言葉だ。「立ち向かう」「挑む」と「理性を失う」ということかな。
CC6	かわすとか逃げるっていうのは，ありたい自分とそれほどかけ離れていないんですか？	
CL6	いや，それもかけ離れています。逃げることもエネルギーを使うんですよ。	
CC7	とにかく高圧的な感情に対して，すごく嫌なお気持ちになるんですね。高圧的な方というのは，Bさんにとっては，どんな風に見えるんですか？　例えばさっきの銀行の支店長の方とか……。	
CL7	その人ですか？　私より，渦のなかに入り込んじゃって，手の付けられないような感じでしたね。感情という渦のなかで，洗濯機のフル回転	その銀行の支店長風の人も理性を失っているように見えたんだ。

	しているイメージですね。でも反面，それが終わって家に帰ると，途端に，ああいう場面だけじゃなくて，共通して何か心がざわめくときがあるんですね，私。高圧的，威圧的な態度に反応しているんです。	
CC8	威圧的な態度に反応するご自身がいらっしゃるんですね。	
CL8	上から目線，対等でない関係，ここは対等でいいじゃないと思うときに，私，2つの自分が見えるんですね。ひとつの自分は闘いに入ってしまう。もうひとつは，沈黙。	先ほど「逃げる」と言ったことを「沈黙」と言い換えている。
CC9	沈黙されているBさんはどんなBさんですか？	
CL9	ただ時間が過ぎるのを待とうとする……それは今回のなかにはないんですが，今回は闘ってしまった自分がいるんです。	経験を客観視している感じ。
CC10	挑む自分を離れたところからご覧になったとき，どんな風にご覧になれますか？	
CL10	自分の今日までの生育歴が関係するかなと考えてしまうことがありますね。	立ち向かった経験を思い出している。
CC11	なんか思いあたることってありますか？　差し支えなければ。	
CL11	私は，私は7人姉妹の七女で，いつも可愛がってはもらえたんですけど，上下関係の激しい姉妹だったんですね。だから，年上の姉たちの言うことは，絶対で，理不尽なことに対して，黙っていたんですが，あるときに殻を破ったんです。	
CC12	きっかけとかお話しいただいてもよろしいですか？	
CL12	あれは，40歳のときかな。22歳違う一番上の姉に冠婚葬祭のことで電話をもらったので，自分の意見を述べたところ，「それは姉妹全体の統一観から外れる」と言われて。「私，40歳に	お姉さんに「……させていただきます」，姉妹関係が見えてくる。40歳のときだから，かなり大人になって

	なりましたから，好きなときに好きなようにさせていただきます」と。生まれて初めて刃向かったんです。	初めてお姉さんに自分の意見を言ったんだ。
CC13	宣言のように聞こえますね。	
CL13	それで電話を切ったら，5分もしないうちに電話がかかってきてまた怒られたんですけど，そのとき，また刃向かって「これからは，こうやって生きていきたいので，もし嫌だったらお付き合いをしていただかなくても結構です」って電話を切ったんです。私，電話を切った後で，震えがくるくらいになって。半分は，「お姉さんに反抗してしまった」というのと「言った私がいる」みたいな，両方の私がいるのを覚えているんです。	これは，たしかに大きな経験だ。「立ち向かう」という言葉にふさわしい。そして自分の考えに従ったという「自立」の経験のように見える。
CC14	しっかりと記憶だけでなく，感覚的にも残っているんですね。	
CL14	そうそう，そんなことがありましたね。（沈黙）でもそんなことから，なんか，やっと脱することができて。すべてのことに従うのみではなく，自分らしく生きるということにアンテナが立ったんですね。その頃からかな。今日の話題みたいな自分がいるのかなと思いました。	この経験は，人生態度を変える経験になったんだ。
CC15	なんか，そのときのお姉さまとのやりとりとやっぱり今回のこととが似た，繋がるものがあるんでしょうか。	
CL15	理不尽な態度を取られたときに，たぶん不必要に，反応する自分がいるかな。	「不必要に」という言葉が気になる。「必要」だったんじゃないのかな。
CC16	理不尽な態度に自分が反抗的に出るっていうのは，本来の「ありたい自分」を守ろうとしているんですかね。	
CL16	だからね，最近，ここで黙っていればいいのに闘うのは，私の防衛機制かとも思ったりして。	「防衛機制」？ 「戦う」「立ち向かう」ことで，何を防

	今回のことも，私のパートナーは，銀行の外で待っていましたが，顛末を話すと，その後銀行に入っていって，非常に穏やかに，沈着冷静に理路整然と処理をしたんですよ。私と同じことをね。もちろん相手の態度も違ったんですけど。私は，物凄く感情的になったんですね。だから，理不尽なことに対してもきちんと理路整然と対応できる人がいるのに，なんで私こんなに燃えちゃうのかと。	衛しているのかな。そこを相談者はわかっている，ということだろうか。
CC17	今，理不尽なことが起きると燃えてしまうご自身がいて，それはどうでしょうかね，自分のなかで，変えたい気持ちがおありになるんでしょうかね。	
CL17	そうですね，これをテーマにしたというのは，あまり好きな自分ではないんですね。姉のことで雑務が重なり，ありたくない自分と向き合う回数が今年の後半にすごく多かったので，それって何でだろうと思って。（沈黙）私，5歳のときに父が癌で亡くなって，片親だったんですよ。だからいい子にならなければいけないと刷り込まれて，たぶんいい子から脱したことはないと思う。	「立ち向かう」のは，「自立」の宣言を表しているのではないのか。「好きではない自分」と言っている。その「刷り込まれた」「いい子」に反するから「好きではない」のかな。
CC18	それは，今も？	
CL18	う〜ん，それは40まで（笑）。いや20代中頃までかな。	
CC19	その頃までは，「いい子」のBさんがいて，40以降のBさんに名前をつけるとしたら？	
CL19	名前をつけるのは，ちょっと難しいけど。20代中頃までは，いい子という縫いぐるみのなかに入っていたような気がする。それから徐々に剥がしていって。だから20代の頃，私，転職を何回もしているの。あの当時の転職って白い目で見られたの。	

CC20	昔は，そうですね。	
CL20	転職の理由っていうのも自分の心が向く方向，いい子であるというより既存の価値観に縛られることなく。ちょっとずつ自分らしい仕事を探していったという，それが20代の私自身の基礎作りになったかな。40歳のときは「宣言」だけど，20代の頃から，自分作り，自立というキーワードがあったのね。精神的にも経済的にも自立しようと。自立するには，今までのような「いい子」の縫いぐるみをかぶっていてはいけない，「イエスマン」ではいけないと，ちょっとずつ，蓄積していったのかもしれない。	その20歳代の転職は「いい子」という縫いぐるみの皮を徐々にはがしていくことだったんだ。
CC21	そういった経験が40歳のときに宣言ではないですけど，ご自身を振るい立たせるエネルギーに。	
CL21	そう，あの40歳のことは，すごく記憶にあります。というのは，我が家は畳の多い家だったんで，お正月でも畳に手をついて「明けましておめでとうございます」と言わないと「ご挨拶もできないの？」となんか上から目線で言われていて。姉妹で旅行しても七女だから，末席に座って，お食事やお茶は私がお世話をするという世界なんです。「理不尽なことにいつも必要以上に燃えるのは？」と内省すると，いつも生育歴が見えてくる。だから必要以上に燃えない自分を……だいぶ軌道修正をしてきたつもりですが，今年，姉のことで雑務が多くて，そんなときに嫌な自分と向き合った回数が時間も多かった。	40歳のときに行った「宣言」につながる経験を語っている。
CC22	そうするとありたい自分とありたくない自分，Bさんのなかで具体的なイメージをお持ちかと思うんですけど。ありたい自分でいる時間を長	

く持つために，何かできそうなことは？

| CL22 | そうですね。今回も続けてそんなことが起きたときに……どうしたらなれるのかな。どういう自分か，震源地がどうなのか，今回も生育歴とかいろんなことを自分で思ったんですけど，そういう繰り返しでいいのかな，と。 | これまでの話は「立ち向かう」つまり，必要以上に燃える自分は，成育歴のなかで自分を取り戻すために必要だった，という話だったが，この「嫌な自分」とは，燃える自分なのか，燃えない自分なのか，ちょっとわかりづらい。 |

3 エクササイズ

Q5. 下記の（ア）から（オ）の項目は，経験代謝の介入の意図を示した文章です。事例のなかから選び出した①から⑨の介入をよく読み，その介入がキャリアカウンセラーのどのような意図の下に行われたものか，対応する意図を（ア）から（オ）の項目のなかから選び，介入の（　）内にその記号を記入してください（複数可）。ただし，意図とは，この事例を担当したキャリアカウンセラーの意図であり，その介入が，やりとりの流れのなかで適切であるか否かは考慮に入れなくてもかまいません。

意図

（ア）相談者に，自身の語った経験を客観的に観てもらおうと意図した，と思われる。

（イ）「経験の再現」を通して，相談者の考えや感情の共有を意図した，と思われる。

（ウ）確認された「ありたい自分」を，相談者自身や相談者の生活場面で活かすことを意図した，と思われる。

（エ）相談者の語りに現れた「その人ならでは（自己概念，ありたい自分）」を相談者に気づいてもらうことを意図した，と思われる。

（オ）いずれにも当てはまらない。

介入

①**CC7**：「とにかく高圧的な感情に対して，すごく嫌なお気持ちになるんですね。高圧的な方というのは，Bさんにとっては，どんな風に見えるんですか？　例えばさっきの銀行の支店長の方とか……」（　　　）

②**CC10**：「挑む自分を離れたところからご覧になったとき，どんな風にご覧になれますか？」（　　　）

③**CC12**：「きっかけとかお話しいただいてもよろしいですか？」（　　　）

④**CC13**：「宣言のように聞こえますね」（　　　）

⑤**CC14**：「しっかりと記憶だけでなく，感覚的にも残っているんですね」（　　　）

⑥**CC16**：「理不尽な態度に自分が反抗的に出るっていうのは，本来の『ありたい自分』を守ろうとしているんですかね」（　　　）

⑦**CC17**：「今，理不尽なことが起きると燃えてしまうご自身がいて，それはどうでしょうかね，自分のなかで，変えたい気持ちがおありになるんでしょうかね」（　　　）

⑧**CC19**：「その頃までは，『いい子』のBさんがいて，40以降のBさんに名前をつけるとしたら？」（　　　）

⑨**CC22**：「そうするとありたい自分とありたくない自分，Bさんのなかで具体的なイメージをお持ちかと思うんですけど。ありたい自分でいる時間を長く持つために，何かできそうなことは？（　　　）

4 事例に関するヒアリング

　事例に関して，スーパーバイザー（筆者）が，この事例を担当したキャリアカウンセラーにヒアリングをしている。全体の感想や相談者に対する印象とともに，この事例で注目すべきやりとりがどこかを考えていただきたい。掲載した内容は，ヒアリングであり，キャリアカウンセラーに対する指導やアドバイスではない。しかし，スーパーバイザーは何らかの意図の下にキャリアカウンセラーに問いかけている。その意図とは何だろうか。事例の流れをよく読み，みなさんも一緒に考えてほしい。

	ヒアリング
SVor	相談者は，何を話そうとしているのでしょうか。
SVee	銀行の窓口でのやりとりで，支店長らしき人物の対応に，「高圧的」なものを感じて，必要以上に挑んでしまった，というような話から始まりました。必要以上に「挑む」またはその逆に「逃げる」ということと，それにまつわる過去の話をしたかったのだと思います。
SVor	相談者は，どういう支援を求めているのでしょうか。
SVee	必要以上に燃える，挑んでしまわないようにするためには，どうすればいいか，というアドバイスを求めているのだと思いました。
SVor	それは，どこで感じましたか。
SVee	CL22で「……だから必要以上に燃えない自分を……だいぶ軌道修正をしてきたつもりですが，今年，姉のことで雑務が多くて，そんなときに嫌な自分と向き合った回数が時間も多かった」というところです。
SVor	この後，どのように進めていくつもりですか。
SVee	最後のほうで問いかけていますが，「ありたい自分」，つまり「必要以上に燃えない自分」でいられる時間を長くするためにどうすればいいか，述べてもらい，その具体的な方法について一緒に考えていきたいと思います。
SVor	CC21で「そういった経験が40歳のときに宣言ではないですけど，ご自身を振るい立たせるエネルギーに」と，問いかけが途中になっていますが，最後まで言い切るとするとなんと言いたかったのですか。
SVee	「……エネルギーになっているのではないですか」と言いたかったのです。
Svor	CL22はその問いに直接応えていないように思いますが，相談者はCL22で何を伝えたかったのでしょうか。
SVee	おそらく，そのエネルギーがコントロールできない，ということが言いたかったのではないか，と思います。

Q6. 相談者は,「威圧的な態度」に接すると「必要以上に挑んでしまう」と言い,その態度を何とかしたいと思っているようです。また,一方20歳代からの転職は,「『いい子』から脱したい」「『いい子』という)縫いぐるみを,徐々に剥がしていった」経験だ,と言っています。それは,「挑む」につながる「自分らしさ」を創る経験でした。一見矛盾するように見えるこの語りを,経験代謝の考え方をもとに説明してください。

Q7. CC23「そうするとありたい自分とありたくない自分,Bさんのなかで具体的なイメージをおもちかと思うんですけど。そうありたい自分でいる時間を長く持つために,何かできそうなことは?」は,経験代謝の観点からは違和感のある問いかけです。妥当と思われる問いかけと,違和感を考えて記入してください。

6 事例解説

　全体的にキャリアカウンセラーの問いかけのスタンスは経験代謝の考え方に沿った妥当な問いかけを行っており,それに対して相談者も過去の成育歴,職務歴を振り返り内省を行っている。ただ,このキャリアカウンセラーは,相談者の経験を「問題」と捉え,キャリアカウンセラーの役割を,具体的なアドバイスや,解決法を導くことであると考えている。「悩み」や「不安」の背景に「自己概念」があること,キャリアカウンセリングの目的が「自己概念の成長」であることを踏まえた,キャリアカウンセリングの進め方の確認が望まれる。

3 事例3「セカンドキャリアを考えている男性」

1 客観的事実の記録

- キャリアカウンセリングを実施した時間:58分
- 相談者の性別,年齢,服装,その他:60歳代・男性

② 逐語禄

CC：キャリアカウンセラー／CL：相談者

番号	逐語録	相談者に対する感想
CC1	今日は，どんなお話ですか……？	
CL1	悩んでいるというほどじゃないんですけど，最近不安というか，ふわっとした感じなんですよね。	「ふわっとした」感じってどんな感じなんだろう。「不安」と言ってるので，良い感じではないみたいだ。
CC2	ふわっとした感じですか……ふわっと……というと，どんな？	
CL2	今，再雇用中なんですが，最近，会社に年末で辞めると伝えました。	「年末に辞める」と伝えてから，「ふわっと」した感じになったのかな。
CC3	Cさんがそう決断されたのには何か？	
CL3	そうですね，今，このキャリアコンサルタントの勉強をしていて，実は先日ある公共機関の仕事に応募したんですよ。そうしたら，そこそこ評価されたんですけれども，入社時期が合わず，だめだったんですよ。	これは，「ふわっとした」感じの説明じゃないな。
CC4	そうだったんですか。すぐに働ける方を求める求人だったんでしょうかね。	
CL4	正社員なら待ってくれるんでしょうけど，派遣だし，他にすぐ来れる人がいたんでしょうね。そういう経験があって，もうどこかで辞めないとずっと同じことを繰り返しそうな気がして。今の会社にはいたくない，全くいたくないような会社なので，どこかで踏ん切りをつけないといけないと思って。経済的にも落ち着いてきて，環境面も整ったので。	「全くいたくないような会社」，何か強い感情が現れている。何らかの嫌な経験がよぎったのかもしれない。
CC5	環境も整って，これからはキャリアカウンセラーとしての職務を目指す，という方向なんですかね。	

CL5	そうです。その道を歩もうと思っているんです。	「道」という言葉に決意を感じるが，会社を辞めるのは「いたくない」からなんだ。それだけなんだろうか，まだ語られていない経験を感じる。
CC6	では，その道を歩もうと決断されて，ふわっとした状態って……どんな状態なんですかね。	
CL6	まだ何も12月以降のことが決まっていないんですね。活動もしていないんで。今の仕事は今まで通りやっていて，でも先が見えているので，なかなかやる気が……どこまでやるのというのがあって……。	なるほど，空中ブランコで一方のブランコから手を離したが，もう一方のブランコにはまだ手が届いてない，という感じかな。退職と転職のはざま，でもそれだけかな。
CC7	12月までと思うと……なんだかどこか宙ぶらりんな感じですか？	
CL7	そうですね，まさに宙ぶらりんな感じ。不安な気持ちもあるし，とにかく早く会社を辞めたいという気持ちもあるし。嫌々ながら，慣れた仕事でもあるけど。ただ，気持ちが固まった分，はっきり言えるという感じですかね。	
CC8	……以前というか，去年も会社のことをお聞かせいただきましたが，でも，去年よりも，会社を辞めたいということや，「嫌」という気持ちを明確におっしゃっているような印象なんですが……去年から，ここに至るまでに何が……？	
CL8	いやまぁ，変わらない……どちらかというと同じくらい嫌なんですけど，いやまぁ，固まった分，はっきり言えるという感じですかね。	
CC9	はっきり言えるというと……何をはっきりと言えると？	
CL9	もう嫌だと。何を遠慮することがあるって感じ	でも，何かを経験している

	ですかね。素直に，自己一致している感じですかね。	感じは残る。「何を遠慮することがある」って，何か自分に言い聞かせている感じがする。「ふわっと」と「自己一致」は合わない感じがする。
CC10	では，Cさんのなかで，公共機関への応募がなんか大きなきっかけだったんですかね，キャリアカウンセリングの仕事をするぞという……。	
CL10	そうですね，もう残りの人生で経験していきたい，キャリアカウンセラーとして生きていきたいですね。	決意を示しているが，何か不自然な感じが残る。
CC11	ほぉ……。それほどまでに，Cさんを駆り立てるものって，この仕事のどんなところにお感じですか？	
CL11	59歳でこの講座を受けるというときとほとんど変わっていないんですけど……。	
CC12	キャリアカウンセラーの養成講座……そのときどんな思いで？	
CL12	そのとき過去の自分のキャリアを考えたんですよ。それまでで一番いきいきとしていた仕事を思い起こしてみると，ホテル時代だよねって。そこでいろんな人を面接して，しんどかったけど楽しかったなと。	ホテルで人材採用の仕事かな。
CC13	ホテル時代の人事や採用の仕事……どこに，楽しさを感じられたんですか？	
CL13	やっぱり，人との関わりっていうんですか，人の人生に関われるところにやりがいを感じるし，知らない人と話して，お互いに影響を受けるというのは楽しかったですね。面接でいろんな人と会って。	人材採用サイドの人間として楽しさを感じたんだろうか。キャリアカウンセラーの役割とは違う。
CC14	今後は，また少し，人事の役割とはまた違う役割を担ってくるということを考えると，どんな	

役割を……？

CL14	今の会社でリストラをしたときに，一人で200人の社員全員を面接したりして。苦しかったけどやりがいを感じました……そんなに嫌な感じはしなかった。次の道を……という話をしたときに，一人一人納得して辞めていかれたので……あぁ，その罪滅ぼしを……。	キャリアカウンセラーの仕事をある面，「罪滅ぼし」と思っているんだ。
CC15	罪滅ぼしというと……？	
CL15	逆のことをしたいなと。辞めてもらうということじゃなくて，キャリアカウンセラーの仕事はよくわかりませんが，将来の道を進めていく関わり方をやることで，ちょっと役に立てるのかなと……。	キャリアカウンセラーの役割を就業支援と捉えているのかな。需給調整機関への就職を考えているからもしれない。
CC16	そんな思いをずっと思っていらっしゃって……これからがいよいよ実現のときなんですね。	
CL16	はい。まずは現場の経験がないと……キャリアカウンセラーとしてレベルを上げたいですね。	
CC17	その「レベル感」って，どういうものでしょうかね？　Ｂさんの目標は？	
CL17	人との関わりを続けていって自分のやりたいことをやりたいなと思っています。	「やりたいこと」って何なんだろう。キャリアカウンセラーの仕事をどのように捉えているのかな。
CC18	やりたいことを考えると，ふわふわ……？　わくわく……？	
CL18	はい，わくわくしてますね。	「ふわふわ」が「わくわく」に変わってきた。良いことだけど，なぜ変わったのかな。

③ エクササイズ

事例について，経験代謝サイクルを踏まえて考えてみよう。

> **Q8.** 「再現すべき経験（相談のきっかけとなった経験）」は何だったと思いますか。以下の4つの相談者の語りのなかで最も妥当なものを1つ選んでください。

①**CL1**：……ふわっとした感じ
②**CL7**：……とにかく早く会社を辞めたいという気持ち
③**CL12**：ホテル時代の楽しかった経験
④**CL14**：苦しかったけどやりがいを感じた経験

> **Q9.** 「経験の共有（キャリアカウンセラーの想定に基づく経験の再現）」を意図した介入は何だったと思いますか。以下の4つのなかで最も妥当なものを1つ選んでください。

①**CC3**：Cさんがそう決断されたのには何か？
②**CC4**：そうだったんですか。すぐに働ける方を求める求人だったんでしょうかね。
③**CC5**：環境も整って、これからはキャリアカウンセラーとしての職務を目指す、という方向なんですかね。
④**CC6**：では、その道を歩もうと決断されて、ふわっとした状態って……どんな状態なんですかね。

④ 事例に関するヒアリング

　事例に関して、スーパーバイザー（筆者）が、この事例を担当したキャリアカウンセラーにヒアリングをしている。全体の感想や相談者に対する印象とともに、この事例で注目すべきやりとりがどこかを考えていただきたい。掲載した内容は、ヒアリングであり、キャリアカウンセラーに対する指導やアドバイスではない。しかし、スーパーバイザーは何らかの意図の下にキャリアカウンセラーに問いかけている。その意図とは何だろうか。事例の流れをよく読み、みなさんも一緒に考えてほしい。

聞き手：スーパーバイザー（SVor）
語り手：スーパーバイジー（SVee）

	ヒアリング
SVor	それでは，事例についてお伺いします。相談者は，何を話したかったのでしょうか。
SVee	最初「最近不安というか，ふわっとした感じ」がする，と言っています。「ふわっとした」何か不安を感じていることを話したいんだと思います。
SVor	「ふわっとした感じ」がどのような感じなのかを聞いていこうとされた，ということですか。
SVee	ええ，最初はそうでしたが，公共機関に応募した話になって，ちょっと「ふわっとした感じ」からそれていきました。
SVor	その後**CC6**で，「その道を歩もうと決断されて，ふわっとした状態って……」ともう一度聞いてらっしゃいますね。その後，相談者がそれについて応答していますが，「ふわっとした感じ」が相談者と共有できた感じですか。
SVee	そうですね，今の仕事も12月末までという期限があるし，嫌な仕事ではあるが慣れてもいるし，と揺れている状態を語られたので「ふわっとした感じ」は共有できたと思います。
SVor	**CC14**で，「今後は，また少し，人事の役割とはまた違う役割を担ってくるということを考えると，どんな役割を……？」と聞いていらっしゃいます。その後，相談者は，リストラを実施した経験を語っていますね。**CC14**の意図に対応した応答でしたか。
SVee	私は，人事の役割とキャリアカウンセラーの役割の違いをどう考えているのかを聞こうと思ったので，**CL14**の応答はちょっと違ったのですが，相談者がキャリアカウンセラーになって何をしたいのかがわかったので良いと思いました。
SVor	最後に「ふわふわ……？　わくわく……？」と聞いて，相談者は「はい，わくわくしてますね」と応答しています。この応答をどう感じられましたか。
SVee	キャリアカウンセラーとしてやりたいことをいくつか述べて，キャリアカウンセラーとしてのイメージができたんじゃないでしょうか。最初言っていた「不安」が，「わくわく」に変わって良かったと思います。

5 演習

> **Q10.** 「最近不安というか，ふわっとした感じ」という語りから始まっています。所属という意味から，退職と転職のはざまの不安定な心理状態を表した言葉とも感じますが，相談者は意識しているか否かは別として，この感覚には別の意味も感じます。「相談者に対するスーパーバイザーの感想」も含め，事例全体を読み，「ふわっとした感じ」が示す別の意味を，そのように考えた理由とともにお書きください。

> **Q11.** 相談者は，「自己概念の揺らぎ」を感じています。この事例から読み取れる「自己概念の揺らぎ」は何でしょうか（自己概念とは，相談者が「良し」としている「モノの見方，考え方」のこと）。

6 事例解説

　相談者は何らかの経験をし，その経験がきっかけとなって相談に来ている。相談者は何を経験して相談にきているのかは，キャリアカウンセラーが意識すべき重要な点である。多くの場合，相談者は，キャリアカウンセリングの比較的最初の段階でそのことについて語ることが多い。この事例の場合，**CL1**「最近不安というか，ふわっとした感じ」である。「ふわっとした感じ」と「最近不安というか」が結びついている。「ふわっとした感じ」は，この事例では不安な感情と結びついていることが想定される。

　事例のなかで相談者は，キャリアカウンセラーという仕事に何を期待しているか，現在の仕事の様子などさまざまなことが語られている。しかし，「ふわっとした（不安な）感じ」は確認できたのだろうか。最後で「ふわふわ……？　わくわく……？」とキャリアカウンセラーから問われ，相談者は「わくわく」と応えいるが，「ふわっとした（不安な）感じ」が何なのか，相談者は意識できたかどうか疑問が残る。キャリアカウンセラーには，「再現すべき経験」の意識を持つことが望まれる。

4 事例4「テレビを見てしまう主婦」

1 客観的事実の記録

- キャリアカウンセリングを実施した時間：15分
- 相談者の性別，年齢，服装，その他：40歳代・女性

2 逐語録

CC：キャリアカウンセラー／CL：相談者

番号	逐語録	相談者に対する感想
CC1	今日はどんなお話ですか。	
CL1	最近このままでいいのかなあと（はい）。仕事はいいんですが，家に帰るとやることたくさんあるのにテレビばっかり見ていて。こんな過ごし方してちゃいけないってすごく感じるんですけど，なんか切り替えられなくて。	「こんな過ごし方してちゃいけない」って思いながら，でもテレビを観るんだ。どういうことなんだろう。
CC2	どんなときにこんなんじゃいけないなと思うんですか？	
CL2	そうですね，まぁ，テレビを見終わった後だと思うんです（テレビ見終わった後（笑））。	「見終わったあと」，そりゃそうかもしれない。
CC3	じゃなんかこう，いけなかったって，後悔されるんですか？	
CL3	いや，後悔というわけではないんですけど，こんな無意味というか，怠惰な生活でいいのかなあと思って。	「怠惰」で「無意味」，なにか強い言葉だ。背景に「こうあるべき」を感じる。
CC4	怠惰な生活でいいのかな，うーん……なんか，どうなりたいんですかね。	
CL4	まあ，私自身これまで忙しかったので，本来ならば多少テレビを見るのもいいけれど，たまっていた家事とか，時間があるときだからこそできることをやればいいのに，なぜかテレビに走ってしまう私がいるんです。	「たまっている家事」が気になるのかな。「家事」に主婦業を感じる。相談者は，主婦なのかな。
CC5	うーん。あ，じゃあ今ちょっと余裕があるんで	

すかね（あーそうなんですよね）。うん。うーん。じゃあ，ほっとされているような。

CL5	うーん，ほっとじゃないんですよね。うん。開放的？　うーん。なんか，そわそわっていうか，このままでいいのかなという気持ちがやっぱり強い。落ち着かない感じ？	たまった「家事」を気にしながらも，テレビを見ていて落ち着かない感じなんだろうな。
CC6	それは，何でですかね。なんで落ち着かない感じなんですかね。	
CL6	こうあっちゃいけない姿なんじゃないかと思って。	先ほどの「怠惰，無意味」，そして「こうあっちゃいけない」自分に対する強い戒め的な表現が続く。
CC7	こうあっちゃいけない姿。	
CL7	うん。楽しいんですよ，テレビ見てるときはもちろん。流行のドラマ見て。まだお皿洗ってなかったと思いつつ，テレビだらだら見ちゃって，怠惰な方向，楽しみのほうに走っている自分がいて。でも，家のことをやったほうが本当はいいのになって。	「お皿洗い」「家のこと」，やはり気になってるのは「家事」なんだ。
CC8	家のことやったほうがいいのになと思っているんだけど，怠惰なほうに流れてしまう。そんなご自身はどうですか。今，振り返って。	
CL8	振り返って……うん。自分に甘いな（小さい声で）っていうか。なんか興味があることがないと，こういうふうに何もしないのかなぁ私，とか。	「家事」を後回しにしていることをここでは「何もしない」とやや大きく表現している。そう思いたい何か，相談者にそう言わせる何かを感じる。
CC9	興味があることとか，忙しいときっていうのは，今はそうじゃないオフ期間なんですよね。	
CL9	ま，オフ期間といえば，聞こえはいいですけど，自分で今はオフ期間と決めていれば。でも，オフ期間と決めていても，やることやった	このキャリアカウンセラーにはわかってもらえない，と思いはじめたのではない

	ほうがよくないですか。	かな。
CC10	あ，やることやったほうがいいなって思っているわけですね。	
CL10	うーん。普段行き届かないところの掃除をするとか，そういうことをやればいいのに……ちょっとまって，オンがちゃんとできていれば，オフはテレビ見てだらけていてもいいですけど，オンにもできていなくて，オフにもできていなかったら，いつやる!?	「オン」「オフ」という言葉でやりとりされているが，キャリアカウンセラーと相談者では，その意味が違うのではないかな。食い違ってきている。
CC11	あー後回しになってしまうという感じで。オフ期間から，自分を解放してあげてもいいんじゃないかな，っていう気がするんですけど，それはいかがですか。	
CL11	開放するんでもいいんですけど，やらないことに対してひっかかるっていうのが。	同じ話を繰り返しているな。
CC12	どんなことがひっかかるんですか。	
CL12	部屋で山積みになっている資料や本を見て，なんで片づけられないんだろうとか。片づけたいという気持ちはあるんだけど，体が動かない。やったほうがいいんだよねと思うのに，つい安易なほうへ流れちゃうというか。	「片づけたいという気持ちはあるんだけど，体が動かない」。相談者の体を動けなくしてるのは，何だろう。
CC13	うんうん。安易なほうへ流れちゃう。テレビを見たりとか。	
CL13	テレビを見るのはいいんですけど，あ，いいんじゃなくて，テレビを見るのは嫌だなと思うんだけれども。	「テレビを見るのは嫌だ……」「嫌だ」というのは新しい表現だな，テレビを見ている自分が嫌なんじゃないかな。
CC14	なんでですか？	
CL14	なんでかっていうと，なんか，安易。一方で読書するのはいい感じがする。	なるほど，娯楽はいけない，という感じだろうか。やっぱり娯楽と勉強の違いかな。

CC15	あー，それはテレビと読書は違うんですか。	
CL15	……うん，なんか読書は，自分のなかで，あ，こう，知りたいとか，どちらかというと自分が能動的に動いているから。もちろん，ドラマでも私が好きなものを選択しているので，能動的なんですが，知識が入るのと，わー楽しいというのは，私のなかでは違うんですよね。本を読む時間さえも奪ってドラマを見ている自分がいや。でもドラマ好きですけれどね。	娯楽（テレビ）を戒めている。背景に相談者にそう言わせる自己概念があるんだな。
CC16	うーん，ドラマは，入ってくるものがないから……ですか。	
CL16	うーん，なんだろう。入ってくるものがないからというか，気分転換にはなるんだけれども，なんか後ろめたいというか，なんか時間の無駄というか，そう感じてしまう私がいる。	「なんか後ろめたい」。「そんなことをして怠けていてはいけない」というもう一人の相談者の声があるようだ。
CC17	先ほどから，無駄とか，安易であるという言葉が何回も出てくるんですけれども，安易という言葉，無駄とは，Dさんにとってどう考えていらっしゃるんですかね。	
CL17	安易と無駄……私，安易ってそんなに言っていますか？	
CC18	うーん，何回も出てきている。	
CL18	うん……あんまり，考えないというのは嫌い。考えないのは嫌いって言いながら，私が考えないタイプだから，それが嫌で言っているのかもしれない。わからないけど。	「やることやらずに，テレビを見る自分」は「ありたい自分」の方向じゃない，ということなのか。

③ **エクササイズ**

> **Q12.** 経験代謝のメカニズムの根本的な考え方に「経験を糧にする」という考え方があります。この考え方に逆行するような，つまり「（そんな出来事は）忘れてしまえ！」的介入は，以下の4つのなかでどれでしょうか。最も妥当なものを1つ選んでください。

①CC3：「じゃなんかこう，いけなかったって，後悔されるんですか？」

②CC4：「怠惰な生活でもいいのかな，うーん……なんか，どうなりたいんですかね」

③CC11：「あー後回しになってしまうという感じで。オフ期間から，自分を解放してあげてもいいんじゃないかな，っていう気がするんですけど，それはいかがですか」

④CC15：「あー，それはテレビと読書は違うんですか」

> **Q13.** 「意味の出現」を意図したのではないかと思われる問いかけは，以下の4つのなかでどれでしょうか。最も妥当なものを1つ選んでください。

①CC5：「うーん。あ，じゃあ今ちょっと余裕があるんですかね（あーそうなんですよね）。うん。うーん。じゃあ，ほっとされているような」

②CC6：「それは，何でですかね。なんで落ち着かない感じなんですかね」

③CC8：「家のことやったほうがいいのになと思っているんだけど，怠惰なほうに流れてしまう。そんなご自身はどうですか。今，振り返って」

④CC10：「あ，やることやったほうがいいなって思っているわけですね」

④ **事例に関するヒアリング**

　事例に関して，スーパーバイザー（筆者）が，この事例を担当したキャリアカウンセラーにヒアリングをしている。全体の感想や相談者に対する印象とともに，この事例で注目すべきやりとりがどこかを考えていただきたい。掲載した内容は，ヒアリングであり，キャリアカウンセラーに対する指導やアドバイスではない。しかし，スーパーバイザーは何らかの意図の下にキャリアカウンセラーに

問いかけている。その意図とは何だろうか。事例の流れをよく読み，みなさんも一緒に考えてほしい。

聞き手：スーパーバイザー（SVor）
語り手：スーパーバイジー（SVee）

	ヒアリング
SVor	相談者は何を話したかったのでしょうか。
SVee	仕事が終わって家に帰り，やることがあるのにテレビを見てしまう，それは「いけない」と思っていて，「切り替えたい」と思っているけれど切り替えられなくて困っていらっしゃるというお話でした。
SVor	CC4で「怠惰な生活でいいのかな，うーん……なんか，どうなりたいんですかね」とおっしゃって，「うーん」と考えていらっしゃる風ですが，どのようなことをお考えでしたか。
SVee	仕事が終わって家に帰り，やることがあるにしてもテレビを見るくらいのことを「怠惰」とおっしゃる気持ちがわかりませんでしたね。
SVor	「気持ちがわからない」というと，気持ちを聞こうと思われたのですか。
SVee	そうです。その後いろいろ問いかけました。
SVor	気持ちは聞けた感じですか。
SVee	「落ち着かない感じ」とか，「あっちゃいけない姿」とかおっしゃいましたが，よくわからなかったですね。
SVor	CC11「あー後回しになってしまうという感じで。オフ期間から，自分を解放してあげてもいいんじゃないかな，っていう気がするんですけど，それはいかがですか」とおっしゃっていますが，ここはどういう意図だったんですか。
SVee	仕事が終わってテレビを見ることくらいのことをそんなに深刻に考えなくていいと思いました。気持ちを楽にしてあげたいと思いました。

5 演習

> **Q14.** キャリアカウンセリングの目的は，自己概念の成長です。自己概念とは，「良し」としている「モノの見方，考え方」です。その自己概念が，ある出来事に遭遇すると「揺らぐ」，つまり自信がなくなる場合があります。経験代謝理論では，そのときの自己概念の状態を「自己概念の揺らぎ」と名づけています。事例にある相談者の語りをよく読み，事例から想定できる相談者の自己概念は何でしょうか。

> **Q15.** 相談者は，「自己概念の揺らぎ」を感じています。この事例から読み取れる「自己概念の揺らぎ」は何でしょうか。

6 事例解説

　全体的にやりとりが嚙み合っていないように感じる。**CC3**「じゃなんかこう，いけなかったって，後悔されるんですか？」から始まり，キャリアカウンセラーの介入のそれぞれに「どうして，そんなことで悩んでいるんですか」というニュアンスが滲み出ている。そしてその思いをそのまま言葉にしたのが，**CC11**「あー後回しになってしまうという感じで。オフ期間から，自分を解放してあげてもいいんじゃないかな，っていう気がするんですけど，それはいかがですか」という言葉である。それはキャリアカウンセラーの価値観であるし，「そんなことは，気にするな」という関わりは，相談者に対して「経験を糧に自己概念が成長」する機会を奪うことになる。この最も基本的で重要な経験代謝理論の考え方を確認する必要がある。

5 事例 5 「マナーが気になる女性」

1 客観的事実の記録

- キャリアカウンセリングを実施した時間：15分
- 相談者の性別，年齢，服装，その他：40歳代・女性／カジュアルな服装，フランクで誠実な感じ，関西の人

② 逐語禄

CC：キャリアカウンセラー／CL：相談者

番号	逐語録	相談者に対する感想
CC1	こんにちは，Aさん。今日はどういったご相談で来られましたか？	
CL1	はい。この前，仕事で学生のグループに面接練習をしたんですけど，そのなかの一人が他の学生にマナーの重要性について一生懸命教えていたんです。それを見て，実は私，マナーのことをきちんと教えてなかったなと思って，それが気になっていたんです。	マナーをしっかり教えていなかった自分の経験を通して，相談者は自分を振り返っているようだ。マナーを重視していない自分が，この面接練習の経験に投影されているように思えたのかもしれない。相談者は，内省的な人かもしれない。
CC2	Aさんは，自分はマナーのことをきちんと教えてなかったなって思ったんですね。そのとき学生にどんなふうな伝え方をされてたんですか？	
CL2	マナーについては1回簡単におさらいしたって感じですね。でも，具体的に細かいことは教えていません。	
CC3	で，その教えてないことが気になってるんですか？	
CL3	うーん，正直言うとそこまで重要だと私は感じていない。だからマナーにそんなに力を入れたくないんだけど，本当はもうちょっとやるべきことだと感じてるのかな。	この相談者は，学生に対して就職活動の面接練習をしているときに何か気になった経験を話そうとしている。学生に対してマナーをしっかり指導しなかったことを気にしているのかな。
CC4	なるほど，どんな思いがあるからマナーは重要じゃないと感じているんですか？	
CL4	そうですね。自分自身が採用していたときもそうでしたが，何よりも面接の内容を充実させる	面接練習に関する自分の経験では，挨拶（マナー）よ

	ことのほうが大事だという思いが強いです。	り内容だと思った経験がある。自分の考えを過去の経験で説明している。
CC5	でも学生さんのやりとりを見て，ちょっと感じられるところがあったんですよね。	
CL5	自分は重要だと思ってないし，自分がいた組織でもそうでもなかったんですが，学生さんがそこまで一生懸命に言うってことは，やっぱり重要な面があるのだろうなぁって。	自分の考えと面接練習のプログラムとは，分けて考えたほうがよいのではないか，という考えがよぎったのかもしれない。
CC6	そこが何となくモヤモヤしてる感じですね。	
CL6	そうですね。もしかすると自分はマナーとかをすごく軽視してるのかなと。面接の場面に限らず（笑），自分の日常のあり方もマナーを重視してないんじゃないかなと。	面接練習の経験を通して自分を振り返っている。何か別の経験を思い出しているのかもしれない。
CC7	どういうところでそう感じたんですか？	
CL7	年上の人に丁寧語では話すんですけど（笑），だから敬わないといけないとかではない。そういうのがきちんとできる人もいますが，自分はそこまでじゃないというか。	先ほど（CL6）思い出した経験について述べているのかもしれない。その経験とは，「年上の人」との経験かもしれない。何か経験を思い出している感じがする。
CC8	「そこまでじゃないな」って……。	
CL8	どうかなぁ。（沈黙）自分の態度が悪いかなって思うんですよね（笑）。目上の人にもタメ口でしゃべっちゃったりとか（笑），ちょっと馴れ馴れしい。重んじるべきマナーやルールを，あまりにも軽視してるのかなぁ，と思うんですよね。	先ほど（CL6）は，「年上の人」，このCL8では，「目上の人」を例に話している。相談者の経験をもとに話しているように感じる。「あまりにも軽視」の「あまりにも」が印象に残る。
CC9	経験されてきた採用面接はどんな様子だったんですか。	

CL9	例えば採用面接でも本当に思いを持っていても受からない子っていますよね。マナーばかりやっていると，その人のいいところではなくマナーを見ようとしてる感じがして，ちょっと反発があるんだと思うんですね。	CL8では，自分に意識が向いていたが，このCL9ではマナーの功罪の話になっている。相談者の意識が「人（相談者／自分）」から「事柄（マナー）」に向いている。どうして変わったのか。
CC10	マナーよりもその人の本当にいいところを見たいんですね。	
CL10	そうなんですよね。でも見方によったら，本当はマナーをちゃんとすることで，その人のいいところを見られるかもしれないなって思ったりするんです。	マナーに関する意見を言っている。しかし，本当に話したいのは，自分のことではないかとも想像できる。CL8の続きを話したかったのかもしれない。
CC11	ちょっと揺れてる感じですか？	
CL11	あ，そうですね。うーん，だからなんかこう，自分のあり様そのものがちょっと揺れてるのかもしれないなと思いますね。	
CC12	あり様が揺れるってどんな感じですか？	
CL12	どちらかというと，たぶん愛着みたいなものを前に出したいと思ってるんだと思うんですね。だけど，やっぱりもうちょっと丁寧に接しないといけないかなって。マナーって相手のことを大事にするという面も大きいと思うので，そういうことで大事さを伝えることもあるのかな。	自分のあり様に話が戻り，相談者は自分のなかの揺らぎを言葉にしている。
CC13	ずっと自分のマナーが気になってらっしゃるんですよね。	
CL13	たぶん気になってなかったら「マナーくらい」って言えると思うんですよ（笑）。でも，すごく軽く扱っている自分には，すごく引っかかるんですよね。きっとね。	自分について語りはじめたが，マナーに対する意見に戻っている。「すごく軽く」「すごく引っかかる」など，「すごく」が印象に残る。

③ エクササイズ

> **Q16.** 事例で語られている相談者の経験に対して，まだ語られていない部分，またその経験を語る相談者の心模様などを共有しようとしていない介入はどれでしょうか。下記の4つの項目から最も妥当なものを1つ選んでください。

①CC2：Aさんは，自分はマナーのことをきちんと教えてなかったなって思ったんですね。そのとき学生にどんなふうな伝え方をされてたんですか？

②CC3：で，その教えてないことが気になってるんですか？

③CC4：なるほど，どんな思いがあるからマナーは重要じゃないと感じているんですか？

④CC13：ずっと自分のマナーが気になってらっしゃるんですよね。

> **Q17.** 下記の4つの項目から，キャリアカウンセラーの意識が，相談者のモノの見方，考え方または感情の方向に向いていたと思われる介入を選んでください（いくつでも可）。

①CC6：そこが何となくモヤモヤしてる感じですね。

②CC7：どういうところでそう感じたんですか？

③CC8：「そこまでじゃないな」って……。

④CC9：経験されてきた採用面接はどんな様子だったんですか。

④ 事例に関するヒアリング

事例に関して，スーパーバイザー（筆者）が，この事例を担当したキャリアカウンセラーにヒアリングをしている。全体の感想や相談者に対する印象とともに，この事例で注目すべきやりとりがどこかを考えていただきたい。掲載した内容は，ヒアリングであり，キャリアカウンセラーに対する指導やアドバイスではない。しかし，スーパーバイザーは何らかの意図の下にキャリアカウンセラーに問いかけている。その意図とは何だろうか。事例の流れをよく読み，みなさんも一緒に考えてほしい。

	ヒアリング
SVor	この事例についてお伺いします。どのような相談内容でしたか。
SVee	相談者のAさんは，ある教育関係の機関で働いていらっしゃる職員の方で，就職を控えた大学生に対する面接練習に関することを話されました。
SVor	逐語録を拝見すると，この15分間のなかで相談者は日頃の人との接し方についても時折ふれていますが，ご自身のあり様をどのように感じましたか。
SVee	そうですね，何度か自分の日常生活での人との接し方について語っていました。でも面接練習におけるマナーの重要性を確認することが話の中心だったと思います。
SVor	なるほど，相談者は，先頃行われた面接練習で，マナーを日頃あまり重要視していなかった自分に気づいた，そんなことを話したかったということでしょうか。
SVee	そうですね，ご自身のあり様については，あまり話されたくなかったように感じました。
SVor	そうですか。相談者の**CL8**の語りは，どのようにお聞きになりましたか。
SVee	相談者から自分はマナーを軽視している，ということが話されたのですが，**CL9**で相談者はマナー以外に採用面接で大事にしている事柄に関して話していたので，**CC10**でその大事にしていることについて改めて話してもらおうと思いました。
SVor	マナー以外で大事にしていることについて意見を聴こうとしたんですね。
SVee	そうです。
SVor	**CC11**で「揺れている感じですか」と，問いかけていますが，これはどのような意図での問いかけだったのですか。
SVee	その人の持っているモノを大事にする気持ちと，マナーも大事だという気持ちと，2つの考え方の間での"揺らぎ"を相談者が語っていると思って「揺れている感じですか」と聞いてみたのです。
SVor	相談者のなかで，マナーに関して2つの考え方があり，その2つの考

え方の間で「揺れているのですか」と問いかけたのですね。

SVee そうです。でもそのあと **CL11** で「自分のあり様そのものがちょっ
と揺れてるのかもしれないなと思いますね」と言ったので，**CC12** で
「あり様が揺れるってどんな感じですか？」と問い直したのです。

SVor それに対して相談者は **CL13** で応えていますが，その内容をどのよう
に受け取りましたか。

SVee そうですね。やっぱりマナーが気になっているのだな，と思いまし
た。

5 演習

　事例に関する演習を次の要領で行ってください。

　事例と，「相談者に対する著者の感想」をお読みください。そしてこの相談者
は，何を話したかったのか，事例の展開とともに相談者の心模様も変化していま
す。その変化を考えながら，「事例に関するヒアリング」を参考にして以下の演
習をお考えください。

　この事例は，「自己概念の揺らぎ」ということがよく現れている事例です。相
談者の「自己概念の揺らぎ」を，どのように考えればよいか，第1章 **4**「『自己
概念の成長』とは何か」などを中心に，これまでの内容を参照しながらお考えく
ださい。

> **Q18.** CL8やCL11で，相談者は一旦自身のあり様を語ろうとしています
> が，**CL9**や**CL12**では，またマナーに関する語りに変わっています。
> この**CL9**や**CL12**の語りに現れている相談者の心理，心模様の変化
> を想定し，それらはマナーに対する自分の評価を見直そうと思った
> のか，それとも対人関係の取り方を振り返ったのか，どのような心
> 理が働いたのかを考えてお答えください。

> **Q19.** キャリアカウンセラーは**CL11**で，「相談者のなかで，マナーに関して2つの考え方があり，その2つの考え方の間で揺れている」と考え，そのように問いかけたと，上記の「事例に関するヒアリング」のなかで語っています。相談者は**CL11**で「自分のあり様そのものがちょっと揺れてるのかもしれない……」と言っています。この揺れている2つとは，何と，何が揺れているのでしょうか。その2つを考えてお答えください。

6 事例解説

　当該事例の特徴は相談者の自己概念のなかでも「観たくない自分」が現れていることである。面接訓練でのマナーがテーマとして語られはじめたが，相談者の意識は次第にマナーを気にしている自分の内面に向かってきた。それは，キャリアカウンセラーの促しによる効果というより，何らかの事情で相談者が現在自分の置かれている環境のなかで関心を向けているテーマに関連していることを窺わせる。

　事例のなかで相談者はキャリアカウンセラーからの問いかけに「どうかな……」と言って沈黙したり，何らかの"わだかまり"を感じさせる。相談者は「（自分の）態度が悪いかな」とも言っており，自分自身で何かを自覚しているようであるが，このまま内省を深めてこの部分をはっきりさせるには，抵抗があるようだ。

　一方，そのような相談者に対しキャリアカウンセラーは，相談者が「マナーに対する重要さの再認識以上の何か」を語ろうとしていることに気づいている様子ではあるが，その気づきつつある相談者の心模様を，相談者に「観てもらう」，つまり内省してもらう関わりができていない。相談者に内省を促す具体的な問いかけの言葉，またはそのような問いかけを行うタイミングがつかめなかったのかもしれない。

6 事例6「職場で誤解された女性」

1 客観的事実の記録

- キャリアカウンセリングを実施した時間：58分
- 相談者の性別，年齢，服装，その他：50歳代・女性

② 逐語禄

番号	逐語録	相談者に対する感想
CC1	Aさん，今日はどういったお話でしょうか？	
CL1	そうですね，あの，職場のことなんですけど，なんというか，うん……こう，違う風に，あまり話さないことが，自分の立場とかを，良くないほうに，なっているような気もするんですね。	何か，職場での良くない経験について話そうとしているんだな。「うん……こう違う風に」，誤解されているのかな。
CC2	というのは，どういった状況なんでしょうか？	
CL2	あのー，私は，言い訳を言ったりとか，自分がやりましたとかっていうのも，好きじゃないので，あまりそういうこと，言わないんですね。そうするとですね，自分がやったこと……見返りが欲しいとか，認めてほしいということでもないんですけど，ちょっと，寂しくなってしまって。自分って一体何を求めているのかなって……思ってるんです。	自分のことについて話すのは，好きじゃないんだ。でも話さないことで，何か寂しくなることがあるようだ。そんな気持ちになる自分に対して「一体何を求めているのかな……」と，少し振り返ろうとしている。
CC3	そうすると，Aさんが職場であまりご自身からお話にならないことで，なにかこう周囲からどう見られてるのかなって，不安なんですかね？	
CL3	そうですね，うーん，不安というよりなんか，自分のことを主張したほうが，いいのかなあっと……モヤモヤしちゃうんですね	自分のことを主張したほうがいいのかな，と思っている。でもやりたいことではない。
CC4	それは，職場でということだったんですけど，同僚の方に対してなんでしょうか，それともまた別の方に対してなんですか？	
CL4	うーん，そうですね……そういう風に言われると，職場だけでのことではないかもしれません。タイミングを逃して言えなかったりすると，なんか，誤解とまではいかないけれど，理解されなかったりとか……そういうことが多	自分のことを話さないのは，職場だけではないが，職場では「変な人物」と見られてしまうと思っている。何か職場でショックな

	いなと思って。特に職場だときちんと言わないで，自分が不利になってしまうこととかが，あったりすると，私は周りの人とかを信頼してるんだけど……あ，変な人物だなって，取られて。	経験をしたのかな。
CC5	それは，相手の方とか周りの方とかがAさんに対して，Aさんご自身が思っているものとは違うようなイメージを持ってしまうということですか？	
CL5	そんな感じですね。	
CC6	そんな風にお感じになったことで，何か印象的なこととか，ちょっとこう記憶に残ってらっしゃることってありますか？	
CL6	今の職場のことなんですけど，私が今働いてる職場は，イベントの企画会社で，11年目になるんですね。部長にある日部屋に呼ばれて，「Aさんは自分が……その，知識とか？　そういったものを人に言うのが嫌なの？」って言われて，「それはどういうことですか」って聞いたら，何年か前からの代々の部長さんたちが，私はプレゼン資料を作ったり，人に教えたりしない人だと言われてるって言われて……びっくりして，うそって思って。私は新しい人にプレゼン資料も提供しているし，初めてプレゼンを担当される方にもちゃんと話をしていて……。	今の職場で11年，長いな。「何年か前の代々の部長さん……」。Aさんの知らないところで良くない評価が語り継がれている。人間不信に陥るような話だ。
CC7	うん，うん，そうなんですね。	
CL7	で，びっくりして，私は全部やってきたつもりなんですけど，と言ったんですけど。そんな風には今まで聞いてないって言われて……すごいショックを受けたんです。	この部長からの話は，どんな脈絡で話されたのかな。また，どんな場面で話されたんだろうか。
CC8	それはAさんにとってはすごくショックだったし，意外なことだったんでしょうか？	
CL8	そうですね。	

CC9	Aさんとしては，いろんなことを周りの方に伝えてこられたつもりなんだけど，周りとか今までの部長さんからは，そうしてない印象を持たれていたっていうことなんですかね。	
CL9	そうなんです。びっくりしました。	びっくりするのは，当然だ，共感できる。
CC10	びっくりされた，「そうじゃないよ」という気持ちでしょうかね？	
CL10	私がいろいろ資料とか渡してた横並びの人たちも，何も言ってくれなかったのかなって……それもびっくりで。プレゼンの資料とかもみんなで使ってやってきたので，すごく不思議で。言ってほしいわけじゃないんだけど，それを聞いたときに「違いますよ」って誰も言ってくれなかったんだなと思うと，不信感を持ってしまって，すごくショックというか。	自分のことを知ってくれているはずの同僚に不信感を持つのは理解できる。でも，部長は，Aさんのことを同じ職場の人に聞いたのかな。
CC11	先ほどAさんは周りを信頼しているっておっしゃっていたので，でも周りからは理解されていないっていうような，ショックだったんでしょうか？	
CL11	そうですね，あれは一体何だったのかなって思うことと，毎回毎回それは私が作ったものですとか，これは私が教えたことですよねって，そんなことはいちいち言う必要もないし，でも，言っておけばこんな風にはならなかったのかなって。	言ったものの，周りに自分の仕事について伝えていなかった自分にも目を向けようとしている。

③ エクササイズ

事例について，経験代謝サイクルを踏まえた介入について考えてみよう。

> **Q20.** 事例から想定できる，この相談者の自己概念（「良し」としている「モノの見方，考え方」）は何でしょうか。以下の4つのなかから，最も妥当なものを1つ選んでください。

① 職場では，自分を理解してもらうために，同僚など回りの人に自分の仕事について話しておく必要がある。

②職場の同僚は，自分のことをよく理解してくれている。

③上司（部長）に自分のことを理解してもらうには，自分の仕事ぶりについて説明しておく（ことが良い）。

④セミナーの資料など，自分が苦労して作ったものは，できるだけ人には見せない（ほうが良い）。

> **Q21.** 「経験の再現」を促す問いかけは，以下の4つのなかでどれでしょうか。最も妥当なものを1つ選んでください。

①CC2：というのは，どういった状況なんでしょうか？

②CC4：それは，職場でということだったんですけど，同僚の方に対してなんでしょうか，それともまた別の方に対してなんですか？

③CC5：それは，相手の方とか周りの方とかがAさんに対して，Aさんご自身が思っているものとは違うようなイメージを持ってしまうということですか？

④CC8：それはAさんにとってはすごくショックだったし，意外なことだったんでしょうか？

④ 事例に関するヒアリング

事例に関して，スーパーバイザー（筆者）が，この事例を担当したキャリアカウンセラーにヒアリングをしている。全体の感想や相談者に対する印象とともに，この事例で注目すべきやりとりがどこかを考えていただきたい。掲載した内

容は，ヒアリングであり，キャリアカウンセラーに対する指導やアドバイスではない。しかし，スーパーバイザーは何らかの意図の下にキャリアカウンセラーに問いかけている。その意図とは何だろうか。事例の流れをよく読み，みなさんも一緒に考えてほしい。

聞き手：スーパーバイザー（SVor）

語り手：スーパーバイジー（SVee）

	ヒアリング
SVor	それでは，事例についてお伺いします。この相談者は，何を話したかったのですか。
SVee	職場の上司，部長から「Aさんは自分が……その，知識とか？　そういったものを人に言うのが嫌なの？」と言われてショックを受けた経験について話したかったんだと思います。
SVor	どうしてショックを受けたのですか。
SVee	自分の仕事ぶりが理解されていなかったからだと思います。
SVor	この相談者は，11年も今の職場に勤めているようですね。そんなに長く勤めていてどうして理解されてないのですか。
SVee	相談者は，「自分がやりましたとか，そういうことは言わない」と言ってます。それは「見返りが欲しいとか，認めてほしい」ということでもない，と言ってるので，相談者のそのような考え方が原因になってるように思います。
SVor	なるほど，では，理解されようとは思っていない，ということでしょうか。
SVee	そうではなくて，自分の作った資料を共有したり，初めての人に指導してあげたりしていたので，同僚や周りの人は自分を理解してくれていたと思っていたようです。
SVor	でも理解してくれなかったのですね。それがショックだったんですね。
SVee	そうですね。でも「寂しい」とも言っているので，ショックとともに何か感じているものがあるように思いました。

演習

> **Q22.** 相談者は，**CL2**で「自分がやったこと……見返りが欲しいとか，認めてほしいということでもないんですけど，ちょっと，寂しくなってしまって。自分って一体何を求めているのかなって……」と言っています。この相談者は，「何を求めている」と思いますか。事例全体を読み推測してみてください。そして，そのように推測する理由を事例のなかでの相談者の語りを挙げて説明してください。

> **Q23.** 相談者は，「自己概念の揺らぎ」を感じています。この事例から読み取れる「自己概念の揺らぎ」は何でしょうか。

6 事例解説

　この事例でキャリアカウンセラーに感じるのは，「相談者は何を話そうとしているのか」という部分にアンテナが向けられていないのではないか，という点である。その意味で**CL2**が重要な語りである。「見返りが欲しいとか，認めてほしいということでもないんですけど，ちょっと，寂しくなってしまって。自分って一体何を求めているのかなって……思ってるんです」，つまり「何を求めているのかな」と自らに問いかけており，「何かを求めて」いることがわかる。「仲間への貢献は，自分から話さなくても上司には通じる」という自己概念が揺らぐ経験を語っており，キャリアカウンセリングの手順としては，まず相談者に自己概念の確認を促すことになる。しかし，それだけでは「求めている」ものにたどりつかない。この先の展開において，より大きな自己概念を意味づけている，「ありたい自分」へのアプローチを促す必要があると思われる。ただ，この事例の範囲ではキャリアカウンセラーがそのことを意識していたか否かは，不明である。

7 事例7「勉強嫌いな息子のケース」

1 客観的事実の記録

- キャリアカウンセリングを実施した時間：15分
- 相談者の性別，年齢，服装，その他：40歳代・女性／働きながら子育てや教育にも手を抜かないしっかりした雰囲気

② 逐語禄

CC：キャリアカウンセラー／CL：相談者

番号	逐語記録	相談者に対する感想
CC1	Oさん，今日はどういったご相談でしょう。	
CL1	息子のことなんですけれども，長男が今，高1で，小学校のときから，勉強がすごく嫌いで（笑いながら）。一応，中学は塾も行きながら，推薦みたいな形で高校に入って。とにかく，野球が好きなので，野球ができるところで高校も選んで。それはいいんですけども，とにかく勉強嫌いで進学大丈夫かなって。進学というか進級ですかね。不安になるくらいに，ほんと勉強に身が入らないんですよね。高校はある程度進学が熱心なところなので，高校1年から先生と進路面談があったりいろいろ宿題が出るんですけど。全然身が入らなくってですね（笑いながら），本人が。なんか，どうしたもんかなと思っているんですよね。	相談者の息子，長男は，今高校1年生で，野球が好きだけど勉強嫌い。相談者，お母さんは，進学ならぬ，進級を心配している。進級が心配ということは，この学校は何かそういう制度があるのかな。
CC2	今，高校1年生でいらっしゃって，野球がお好きで，野球で入られたということで，でも，勉強に身が入らないのでちょっと進級も心配されているというような状況なんですね。	
CL2	ま，何とか上がれるとは思うんですけども（笑いながら），一応やればできなくはないと思っているんですけど，そもそも，勉強嫌いって自分で思っちゃってるので。	息子が「勉強嫌い」と思い込んでいる（決めてしまっている）とお母さんは思っていて，それを問題にしている。
CC3	勉強嫌いって思っちゃってるっていうのは，そういうことを本人が言われているのか，それともお母さんがそう感じていらっしゃるんでしょうか。	
CL3	そうですね。日頃の生活からも部活中心なので，そうすると，まったく勉強してる節がなく。部活で帰りも遅いですし，土日も部活なの	なるほど，何となく絵が浮かんでくる。野球に打ち込んでいるという感じがする。

で。休みの日は，友達と遊んで，夜食べて帰っ
てきたりとかするので，学校には行っています
けども，勉強がそれだけっていう感じなんです
よね。

CC4	学校に行ってるだけ，みたいなところが，すご く不安に思っていらっしゃる感じなんでしょ うか。	
CL4	そうですね。それなりに取れていれば，そん なには心配しないですけど，2学期の期末のと きに，ひどい点数があって。普段，勉強しなさ いって口うるさく言ったりしてないんですけ ど，さすがにその点数をみて，ちょっとこれは 2年生になれるのかなと思ったんですよね，心 配で。本人に聞いたら，たしかに，勉強してな いとやっぱりできないんだみたいなこと言って たんですけど。ん〜，その言い方もなんという か，切迫感がないっていうか，反省していな いっていうか。ん〜，本人が焦ってなければ， 次，大丈夫かなあって，すごく私が心配になっ て，心配していることは伝えたんですけど，あ んまり言いすぎると，やっぱり，その，話をし なくなっちゃうので（笑いながら）。	ひどい点を取っても反省も 焦りもしないことを問題に している。息子本人は他人 事のように，お母さんは自 分事のように思っている。
CC5	息子さんがあまり話をしたくなさそうな感じに なっちゃうということなんですか。	
CL5	そうですね。明らかに。	
CC6	そうなんですね。あの，話をしたくなくなっ ちゃう息子さんを見てると，Oさんはどういう 風に思われるんですか。	
CL6	なんていうんでしょうね。勉強しなさいって人 から強要されて，うれしくはないだろうと思う んですね。しかも，点数が出てるから，できて ないことはわかっていると思うので（笑いなが ら）。だから，いろいろ言うと逆効果になるか	息子はあまりお母さんと話 をしないようだ。年頃の男 の子にはよくあることかも しれない。「勉強しなさい」 と言うのではなく，「やる

	なと思っているので。あ，また，なんか，会話をやめてしまったと思ってですね。なんか，どこにやる気スイッチがあるのかなみたいな感じで，難しいなと思いますよね。	気スイッチ」を探そうとしている。
CC7	そうなんですね。息子さんがそんなにひどい点を取ってこられると，お母さん心配ですよね。びっくりされたんじゃないですか。	
CL7	そうですよね。さすがに高校は中退してほしくないなという感じですよね（笑いながら）。	とにかく高校は卒業してほしい，という気持ちだろうか。
CC8	そんなに，ひどかった，ひどい点で？	
CL8	そうですね。30点いかないと赤点なんですけど，あのときは赤点が，2つくらいあったのかな。さすがにこれが続くと，3学期の時点で，2年生にはなれないんですよね。なので，ん〜，まずいな，という感じですかね（笑いながら）。	やっぱり，はっきりした留年の制度があるんだ。
CC9	Oさんはまずいなと思っていらっしゃるけど，息子さんはそれほど思っていないっていうような，そんな感じなんでしょうか。	
CL9	しっかり，やらないとダメなんだなとは言ったんですけど，どこまでわかっているのかなと思いましたし，野球やりたいとしても，2年生になれなかったらできなくなるよって。それは，常に言ってるんですけどね。だから，なんだろうな。ちょっとわかんないです。こちらが言ったことをどう受け止めているのかが。普段の会話からも，結構わからないことが多いので，あんまり返事がなかったりとかして。楽しい話なら返ってくるんですけど，そうじゃない話のときは，あまり返事がないので。どうなのって聞くと，なんか逆ギレしたりするんでですね（笑いながら）。なかなか，難しいですよね。	息子に対して，勉強のことは普段から話題にしているようだ。
CC10	なんか，コミュニケーションがちょっと，勉強	

	の話になると，取りにくい，と感じられる，そういうところがあるんですかね。	
CL10	そうですね。要は，自分に都合の悪いことになると，返事があまりないというか（笑いながら）。	
CC11	そうなんですね。でも，やっぱり，あまり勉強をしないと良い点を取れないんだなって，息子さんはおっしゃってると言われましたけども。	
CL11	（CCの言葉にすぐ続くように）その一言だけ聞けたという感じで。そのときは。	印象に残っているんだ，めったに言わないことなのかもしれない。
CC12	そうなんですね。でも，その言葉を聞いても，Oさんは，ちょっと，本当かなという不安を感じていらっしゃるような，そんな雰囲気を。	
CL12	そのこともありますし，結局，試験終わると勉強しないですから。ああ，やっぱり，忘れちゃってるのかなって。でも，今回の赤点は本当に大丈夫だろうかと思ったので，どうしたらやる気が出るかをいろいろ考えて，漫画の世界史を買ってきて渡したんですね。読んでいるうちに頭に入って楽に勉強できるかもよ，とか言って。試験の前に一応読んだみたいなんですけども。ただ，勉強しなさいだけじゃなくて，やる気が出る方法を探して（笑いながら）。そういうやり方をしたほうが，まだ伝わっているかなという感じがするんですけどね。	お母さんは，言い聞かせるだけじゃない方法を考えて実践している。
CC13	でも，勉強されたらちゃんと点は取れるみたいなことを先ほど言われてましたけれども。	
CL13	そうですね。だから，今回は，世界史はすごい点数良かったんですね。	お母さんが言う「やる気スイッチ」が入ったのかな。
CC14	すごいですね，それは。効果があったということなんですね。	
CL14	そうですね。でも，今度は日本史が赤点で（二	お母さんのなかで，今野球

	人，笑いながら）。そんな一気に全部できないかもしれないんですけど，今は1年生で，卒業したらどうするのということも含めて，考えてほしいんですけど，部活と友達に夢中なので，先の話っていうのは，ほんとに本人にとって，遠い先なんでしょうね。	に夢中ということと，卒業後はつながっていないようだ。
CC15	ねえ，まだ，高1で，16歳でいらっしゃいますよね。	
CL15	そうですねえ。	
CC16	でも，野球にすごく夢中で，一生懸命そちらのほうはされてらっしゃるという感じなんですね。	
CL16	そうですね。そこそこ強い学校なので，トップチームにはなかなかなれないんですね。だから，頑張ってはいるんですけど，野球で何かなるわけではないですし。野球選手になるって，中学校のときは言っていて，今はどう考えてるかわかんないんですけど。でも，野球じゃなかったら何なのかなっていうことも，おそらく，まだ考えたくないんでしょうし。	息子には，卒業後について野球以外に何か考えてほしいと思っている。このお母さんにとって息子とは何なのだろうか，お母さんの自己概念は何だろうか。
CC17	考えたくないというのは，なんか，Oさんはどういう風に思って，そう言われているんですか？	
CL17	例えばですね，こんな仕事があるよ，とサイトを見せますよね。すると，まったく興味がないっていう感じなんですよ。正直，大学に行きたくなければ，行かなくてもいいかな，という気がするんですけど，何かしら進路は選んでいかなくてはならないので。本人の頭とか心がついていかないまま，野球に夢中になって，このまま3年生になるんじゃないかって（笑いながら），そういう感じがしてですね。	「……頭と心が……」何についていかないのだろうか，そのように考える相談者，お母さんの自己概念は何だろうか。

③ エクササイズ

事例について，経験代謝サイクルの「意味の出現」を考えてみよう。

Q24. 問いかけの意図を大きく2つに分けると，「人」つまり相談者に意識を向けたもの，経験内容，つまり「事柄」に意識を向けた問いかけに分けることができます。以下に示す4つの介入のなかで，「人」に意識を向けた問いかけはどれでしょうか。妥当なものを選んでください（いくつでも可）。

---

①CC3：勉強嫌いって思っちゃってるっていうのは，そういうことを本人が言われているのか，それともお母さんがそう感じていらっしゃるんでしょうか。

②CC5：息子さんがあまり話をしたくなさそうな感じになっちゃうということなんですか。

③CC6：そうなんですね。あの，話をしたくなくなっちゃう息子さんを見てると，Oさんはどういう風に思われるんですか。

④CC9：Oさんはまずいなと思っていらっしゃるけど，息子さんはそれほど思っていないっていうような，そんな感じなんでしょうか。

Q25. 以下に示す4つの相談者の語りのなかで，「自己概念の影」が現れる語りはどれでしょうか。最も妥当なものを1つ選んでください。

---

①CL8：そうですね。30点いかないと赤点なんですけど，あのとき赤点が，2つくらいあったのかな。さすがにこれが続くと，3学期の時点で，2年生にはなれないんですよね。なので，ん～，まずいな，という感じですかね（笑いながら）。

②CL10：そうですね。要は，自分に都合の悪いことになると，返事があまりないというか（笑いながら）。

③CL13：そうですね。だから，今回は，世界史はすごい点数良かったんですね。

④CL14：……卒業したらどうするのということも含めて，考えてほしいんですけど，部活と友達に夢中なので，先の話っていうのは，ほんとに本人にとって，遠い先なんでしょうね。

4 事例に関するヒアリング

　事例に関して，スーパーバイザー（筆者）が，この事例を担当したキャリアカウンセラーにヒアリングをしている。全体の感想や相談者に対する印象とともに，この事例で注目すべきやりとりがどこかを考えていただきたい。掲載した内容は，ヒアリングであり，キャリアカウンセラーに対する指導やアドバイスではない。しかし，スーパーバイザーは何らかの意図の下にキャリアカウンセラーに問いかけている。その意図とは何だろうか。事例の流れをよく読み，みなさんも一緒に考えてほしい。

聞き手：スーパーバイザー（SVor）

語り手：スーパーバイジー（SVee）

	ヒアリング
SVor	相談者は，どんな人だと思いますか。
SVee	野球に夢中で，勉強をしたがらない息子さんを心配している，息子さん思いのお母さんだと思います。
SVor	具体的に何を心配しているのでしょうか。
SVee	30点以下の科目が2学期の時点で2つくらいあり，進級できないんじゃないかと心配しているのだと思います。
SVor	CC10で「……あまり勉強をしないと良い点を取れないんだなって，息子さんはおっしゃってると言われましたけども」と言っておられますが，このときはどのような意図でしたか。
SVee	息子さんが自覚しているのではないかと思い，その確認の意図があったと思います。
SVor	CC14で「ねえ，まだ，高1で，16歳でいらっしゃいますよね」と言っておられますが，ここはどういう思いでおっしゃっていますか。
SVee	16歳の息子さんにとっては卒業後は，「先の話」で当然ではないか，という思いがよぎったと思います。
SVor	息子さんの気持ちを察してあげたくなったということですか。
SVee	そうですね，息子さんを弁護してあげたくなりました。

5 演習

> **Q26.** 事例におけるキャリアカウンセラーの問いかけの方向（「人」か「事柄」か），また「ヒアリング」の内容を参考に，この例におけるキャリアカウンセラーの課題を考えてみてください。

6 事例解説

　このキャリアカウンセラーは女性で相談者と同じく2人の息子の母親でもある（「第II部−応用編」のスーパービジョン事例参照）。その影響がこの事例に現れている。

　キャリアカウンセリングの目的は，相談者の自己概念の成長である。相談者に意識を向けた関わりが求められる。

　キャリアカウンセラーは，「息子を弁護したくなった」と語っている。その反対に母親，相談者に反感を持ったかもしれない。ここに掲載した事例ではそこまではわかりにくいかもしれないが，「応用編」の第2章をみると，キャリアカウンセラーの感情の動きが自身の言葉で述べられている。

　キャリアカウンセラーは，キャリアカウンセリングに当たって自身の感情の動きに気づいていることが重要である。そしてそれが相談者に対する「反感」といった否定的なものであっても，その感情を抑圧するのではなく，相談者の自己理解に資するような方向でその感情を生かすことを考えることが望まれる。

■解答一覧

1 事例1

A1. ④

[解説]―― ①**CC3**，②**CC6**，③**CC8**はいずれも経験（出来事＋考え，気持ち）における出来事に向けて問いかけている。④**CC9**は，「Aさんはどんな気持ちですか？」とAさんの気持ちを問いかけている。キャリアカウンセラーの意識は相談者，つまり「人」に向けられている。

A2. ④

[解説]―― ①**CC10**，②**CC12**，③**CC14**はいずれも「人」，つまり相談者に意識を向けた問いかけになっている。④**CC16**は「……どんな場面でした？」と，「事柄」に意識が向けられている。

A3. ［妥当解］――

その1：何かを感じて一緒に来てくれた，とおっしゃいましたが，Aさんは，その人たちはAさんに何を感じたと思いますか。

その2：「何かわかって一緒に来てくれた」とおっしゃいましたが，Aさんは，Aさんの何を「わかってくれた」と思ったのですか。

その3：その人たちは，Aさんのやろうとしたことに賛同してくれたと思いますが，Aさんは何をやろうとしたのですか。

A4. ［妥当解］――「その人はAさんをどう見たか」に応えようとすると，「観たくない自分」を観なくてはいけなくなる。意識的か，無意識的かは別として自分を観ることを避けるために，「自分はその人をどう見ていたか」に切り替えて応えたのではないかと考えられる。

2 事例2

A5. ①→（ア・イ）［解説］―― ①**CC7**は，まず「経験の再現」，つまりそのときの状況を客観視してもらおうとしている。また，「どんな風に見えるんですか……」という問いかけのニュアンスから，そのときの銀行の支店長の振る舞いを見てどう感じたのかを聞こうという意図を感じる。

②→（ア・エ）［解説］―― ②**CC10**は，「挑む自分を……」と問いかけているところがポイントである。「経験の再現」の促しでもあり，同様に「その人ならでは（自己概念，ありたい自分）」を相談者に気づいて

もらうことを意図した」，つまり「意味の出現」を促す問いかけにもなっている。

③→（オ）［解説］── ③CC12は，客観視を促すまでの意図は感じられない。「経験の再現」の前段階，もしくは導入段階。話を先に進めるように促した語りかけと考えられる。

④→（ア・エ）［解説］── ④CC13は，相談者の経験を，キャリアカウンセラーの感覚を通して語ることで，客観視を促すと同時に，内省の促しにもなっている。

⑤→（ア・イ）［解説］── ⑤CC14は，その前の，CL14「震えるくらい」という相談者の感情を表す言葉に反応している。

⑥→（エ）［解説］── ⑥CC16は，「本来の『ありたい自分』を守ろうとしているんですかね」という問いかけの内容から，自己概念に対する内省を促している。

⑦→（オ）［解説］── ⑦CC17は，キャリアカウンセラーは自身の推測を確認しようとしている。（ア）から（エ）のいずれにも当てはまらない。

⑧→（ア・エ）［解説］── ⑧CC19の問いかけは不十分ではあるが，経験の客観視が促されると同時に，CL19で「いい子」という言葉で当時の振り返りを促している。

⑨→（ウ）［解説］── ⑨CC22は，「ありたい自分でいる時間を長くもつには……」と問いかけているところから，生活場面で活かすことを意図した問いかけ，つまり「意味の実現」に沿った問いかけの意図が汲み取れる。

A6. ［妥当解］── 相談者は「上下関係の厳しい」家の七女として子ども時代を過ごし，自分の意見を押し殺して育ってきた成育歴を持つ。20歳代での転職を通じて，次第に「いい子」を脱して自分らしさを獲得してきた。「高圧的，威圧的」な態度で接する者に対して「挑む」ことで自分らしさを獲得してきたと言える。「（高圧的，威圧的な者に対して）挑む」は，相談者のなかで成功体験に裏付けられた「良い」と思う「モノの見方，考え方」，つまり自己概念であることが窺える。しかし，それが成功体験に裏付けられた自己概念であると意識されていないため，つまり，「挑む」という行動に駆り立てる「良し，としているモノの見方，考え方」を掴めていないため，その自己概念はパーソナリティの一部と

して統合されておらず，対象が家族や姉たちではないし，もはや相談者自身も子どもではないが，高圧的，威圧的なモノに対して，コントロールの効かないエネルギーとして現れる，と考えられる。

A7. ［妥当解］——　違和感：「理不尽な態度を取られたときに，たぶん不必要に，反応する自分がいるかな」と，相談者は不必要に反応する，それらを引き起こしている自分のなかにあるモノは何か，を知ろうとしているようだが，**CC23**は，その方向ではなく，ありたい自分で長くいられる具体的な方法を探そうとしている。キャリアカウンセラーは問題解決的思考で対応していると思われる。

問いかけ（案1）：自分を奮い立たせるエネルギーが，違う形で現れる，ということですか。

問いかけ（案2）：自分を奮い立たせるエネルギーが，コントロールが難しい，ということですか。

問いかけ（案3）：理不尽なことに出会うと，自分らしさを獲得して来られた成功体験が蘇る，ということですか。

❸ 事例3

A8. ①

［解説］——　②**CL7**，③**CL12**，④**CL14**はいずれも，①**CL1**の「ふわっとした感じ」の説明のなかで語られた経験である。「相談に来たきっかけとなった経験」は，最初に**CL1**で語った経験である。

A9. ④

［解説］——　**CC6**は，「ふわっとした感じ」にまつわる経験が，再現すべき経験ではないか，とのキャリアカウンセラーの想定の下に提示された「経験の再現」を促す問いかけ，つまり「経験の共有」である。

A10. ［妥当解］——　「キャリアカウンセラーで生きていきたい」と考えたのは，キャリアカウンセラー養成講座で，過去のホテル時代に「人の人生に関わった」経験を思い出したことにある。ホテル時代の人事の経験として語られているのは，リストラも含めていわゆる会社サイドの人間として仕事をしていたときの経験である。そのとき得られていた「楽しさ」「やりがい」と，キャリアカウンセラーとして仕事をするときに得

られるものとは違うのではないか，とどこかで気づいているのではないかと思われる（**CL15**「キャリアカウンセラーの仕事はよくわかりませんが」）。キャリアカウンセラーとして仕事をした経験がなく，その仕事から得られる「楽しさ」「やりがい」は，まだわからない。そのような状況のなかで感じる言葉として「ふわっとした感じ」を感じているのではないだろうか。

A11. ［妥当解］── 相談者は，**CL13**「仕事のやりがいは人の人生に関わること」を「良し」としています。自分がやりがいを感じる，楽しい仕事のイメージを「人の人生に関わる仕事」に持っています。それがこの相談者の，仕事に対する自己概念です。しかし，**CL15**で「キャリアカウンセラーの仕事は，よくわかりませんが……役に立てるのかなと……」と語っています。つまり，「人の人生に関わる仕事」を「良し」としている。しかし，まだその仕事に就いていないことや，キャリアカウンセラーの仕事が「よくわからない」という観点からすると揺らいでいる。

❹ 事例4

A12. ③

［解説］── ①**CC3**，②**CC4**，④**CC15**はいずれも相談者の考えを聞いている。「人」に向けられた問いかけである。それに対して③**CC11**は，「……自分を開放してあげてもいいんじゃないかな……」と言っており，「テレビを観てしまう」という経験に向き合うことを否定するような発言になっている。

A13. ③

［解説］── ②**CC6**は，この問いかけ内容だけを見ると「人」に関心を向けた「意味の出現」を意図した問いかけのようにも思えるが，全体の流れを見るとむしろ，キャリアカウンセラーが抱いたモヤモヤ，つまりキャリアカウンセラー自身に意識が向いている。③**CC8**は，純粋に経験に映った自分を見ることを促した問いかけ，つまり「意味の出現」に沿った問いかけと言える。

A14. ［妥当解］── 「（主婦たるもの）家事をおろそかにして，楽しみに走ってはいけない」

「娯楽は，やらなければいけないことを終えてからすることだ」

A15. ［妥当解］—— 事例での相談者の語り全体が「自己概念の揺らぎ」を表している。つまり，現在の状態，「娯楽は，やらなければいけないことを終えてからすることだ」という自己概念が揺らぎ，ついついテレビを見てしまうという経験から「怠惰」「無意味」などの意味を受け取り，自信をなくしている。

5 事例5

A16. ①

［解説］—— ①CC2は，「経験の再現」に沿った問いかけである。

A17. ①，②，③

［解説］—— この問いは，「人」に対する問は何番かを聞いている。④CC9は，「事柄」に対する問かけになっている。つまり経験代謝サイクルの図で考えると，キャリアカウンセラーの意識は「経験」に向いている。

A18. ［妥当解］—— 相談者は，面接練習の経験から，マナーを軽視している自分に気づく。その気付きから日頃の自分の対人態度に思いが至り，内省的になった。しかし，今まで肯定していたこれまでの対人態度との矛盾に気づき，一旦「人（自分）」に向かった意識が「事柄（マナー）」に向かい，内省がそれ以上進まなかった。

A19. ［妥当解］—— 相談者は，面接練習でのマナーは人の本質を覆い隠す要素であると思い，今まで人材採用に携わっていたときも重要視していなかった。しかし，先頃，仕事で経験した学生の面接練習を通して，今まで持っていたマナーに対する考えは社会通念上の一般論（「与えられた／借り物の自己概念」）であり，自分自身の対人態度（目上や年上の人に対するマナーを軽視する態度）を合理化しているのではないかと気づき，自己概念（与えられた自己概念／借物の自己概念）に揺らぎを感じたのではないか。就職活動の面接練習が話題になっているが，相談者はそれとは別の何らかの経験がこの面談中に頭をよぎったのではないか。しかしこの15分間では相談者はそれには触れていない。

6 事例6

A20. ②

[解説]—— 今までもっていた職場の同僚との関係性について，改めて考えさせられるような経験が語られている。今まで相談者がもっていた同僚に対する見方，考え方が揺らぐような意味をその経験から受け取っている。「揺らいだ」のは自己概念（与えられた自己概念／借物の自己概念）である。

A21. ①

[解説]—— ②CC4，③CC5，④CC8は，キャリアカウンセラーが抱いた仮説，または相談者から受け取った意味を確認しようとしている。

A22. [妥当解]—— 相談者は，**CL10**で「私がいろいろ資料とか渡してた横並びの人たちも，何も言ってくれなかったのかなって……それもびっくりで。プレゼンの資料とかもみんなで使ってやってきたので，すごく不思議で。言ってほしいわけじゃないんだけど，それを聞いたときに『違いますよ』って誰も言ってくれなかったんだなと思うと，不信感を持ってしまって，すごくショックというか」と言っています。仲間と思っていた同僚は，部長に対して，Aさんは，自分の知識を共有しようとしないといった発言をしたとき，「違う」と言ってくれなかった，弁護してくれなかった。仲間に対する信頼が裏切られたような気持ちになり，「寂しくなってしまった」のではないか，と考えられる。つまり，求めているのは，「仲間とのつながり」信頼関係ではないか，と考えられる。

A23. [妥当解]—— 相談者は，仲間への貢献，つまり「私がいろいろ資料とか渡してた……」「プレゼンの資料とかもみんなで使ってやってきた……」ことをあえて話さなくとも職場の同僚はわかってくれていて，職場の上司にもそのように進言してくれるもの，と思っていた。職場の仲間に対する自己概念は，「仲間への貢献は，自分から話さなくても上司には通じる」というものの見方をしている。しかし，今回，部長の言葉から受け取った意味は，「職場や仲間への貢献は，自ら上司に伝えなければ伝わらない」というもので，今まで持っていた自己概念（与えられた自己概念／借物の自己概念）「仲間への貢献は，自分から話さなくても上司はわかってくれている」に自信が持てなくなってきて，自己概念が揺らいだ。

7 事例7

A24. ①，③

[解説]── ②**CC5**は，問いかけ内容からもわかる通り，キャリアカウンセラーの意識は息子，つまり「事柄」に向いている。④**CC9**は，問いかけの前半部分は「Ｏさんはまずいなと思っていらっしゃるけど……」となっており，相談者，つまり問いかけの意図が「人」に向けられているようにも見えるが，そのあとに続く部分では「……息子さんはそれほど思っていないっていうような……」となっており，キャリアカウンセラーの意識は息子，つまり「事柄」に向いていると思われる。

A25. ④

[解説]── ①**CL8**，②**CL10**，③**CL13**は，それぞれ相談者の経験を語っている。それに対して**CL14**は，この発言の背景に相談者の自己概念が窺える。

A26. [妥当解]── キャリアカウンセラーからの問いかけは，ほとんどが「事柄」，つまりこの事例の場合は，「息子」の方向に向けられている。また，**CC3**「勉強嫌いって思っちゃってるっていうのは，そういうことを本人が言われているのか，それともお母さんがそう感じていらっしゃるんでしょうか？」，**CC11**「そうなんですね。でも，やっぱり，あまり勉強をしないと良い点を取れないんだなって，息子さんはおっしゃってると言われましたけども」に対する，**CL11**「(CCの言葉にすぐ続くように) その一言だけ聞けたという感じで。そのときは」のうち，「(CCの言葉にすぐ続くように)」という言葉のニュアンス（カッコ内はキャリアカウンセラーの記入）から，相談者の自己概念の成長を目的にキャリアカウンセリングを実施すべきところ，むしろ相談者の語りに登場する相談者の息子に意識を向けたやりとりになってしまっている。

第Ⅱ部

応 用 編

応用編は，2つの章で構成されている。

　第1章では，経験代謝理論の技法を使ってキャリアカウンセリングの事例を検討するための「評価の視点」を「レンズ」という名称の下に紹介している。

　第Ⅰ部・第2章で解説した，経験代謝のメカニズムを技法として分解し，約40項目に分け，個々の特徴について解説している。

　第2章では，1時間のキャリアカウンセリングの事例と，その事例に基づいたスーパービジョン事例の逐語録，およびこれに対するコメントから構成されている。2つの事例を参考にしながら，経験代謝理論に基づいて展開されるキャリアカウンセリングの実際を研究していただきたい。

第1章
自己評価と評価の視点
「レンズ」を用いる

1 違和感とは何か

　相談者が語ったことに対して，あなたは何かを"感じ"，または何かを"考える"。あなたは，それら「感じたこと」「考えたこと」をもとに応答している。つまり何かを意図して相談者に応答（介入）している。しかし，キャリアカウンセリングを実施しているそのときは，それらを客観視し，じっくり味わうことはできない。第I部で示したように逐語録の3度の熟読によって，「あれ？　相談者が○○と言ったときにどうして私は□□と言ったのかな」または「おや？　私の問いかけに相談者が○○と応えている。○○は私の問いかけの意図と違ったのにそのまま話が流れている」など，キャリアカウンセリングを実施したときとは違った見方が生まれてくる。この"感覚"が違和感である。逐語録を検討するにあたって，逐語録のなかで抱く違和感が重要である。つまり違和感とは，「経験代謝のメカニズム」を基準（視点）としたときの「経験代謝のメカニズム」と，「キャリアカウンセリング実施時の意図（あなたの頭を"よぎった"「思い」や「考え」）との"差"である。このような"感覚"のままでは「どうすればいいか」が生まれてこない。"感覚"を"言葉"にする必要がある。練習段階では，できるだけ文字にして書き出すことが望ましい。

2 「レンズ」とは何か

　まず評価の視点を持つためには，前述した"違和感"を身につける必要がある。基礎編でも活用した図1に示す「経験代謝メカニズム」に沿って事例を検討する際に，評価の視点として項目を体系化したものを「レンズ」という名称でまとめた。レンズの各項目は，キャリアカウンセリング実施における主な段階である「経験の再現」をA，「意味の出現」をB，「意味の実現」をC，それら各段階

で必要とされる「条件／関係性の条件※1」をDとする。セルフ・スーパービジョン（S-SV）での達成イメージ，つまり逐語録検討における望ましい状態は，「レンズ」の各項目を参照しなくても，逐語録を読んだときに，違和感とともに「レンズ」の項目が頭に浮かぶ。

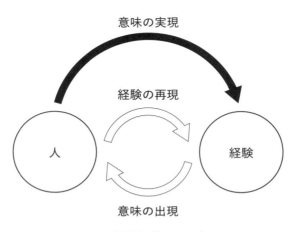

図1　経験代謝メカニズム

　以下に「レンズ」の詳細項目を示す。

　各項目名の下に，その項目に対応した各介入に対する評価の視点が示されている。これは，あなたが逐語録を検討する際の自身への問いかけである。虚心坦懐に振り返り，そのときどのような考えがよぎったのか，相談者をどのように感じたのか，などを振り返る視点とし，違和感を持った介入に対応する項目を選ぶ。

※1　関係性の条件とは，関係性に働く要因に関する概念である。抵抗や防衛，転移や逆転移なども条件に働く要因と見ることができる。関係性とは「自分をどう認識するか」「相手をどう認識するか」の相互作用である。そのため，自分の認識が変われば関係性が変わり，また相手に対する認識が変われば関係性が変わる。

③ 経験の再現（A）

- あなたが相談者に経験の再現を促すことによって，相談者は記憶やイメージのなかの経験を言葉にしてあなたに語る。
- 相談者は，言葉で表した経験を，もう一度経験し直す。
- 「経験の再現」とは，あなたと相談者が「一緒に絵を描く」とも表現できる。あなたは相談者が語る経験を聞き，何かを感じ，何かを考える。そしてどう感じ，どう考えたかをあるときは相談者に語り，それに対してまた相談者は経験の語りを追加したり，修正したりする。このようなやりとりを喩えて，「一緒に絵を描く」と表現することができる。
- そのとき，絵筆を持って絵を描くのは相談者である。あなたは問いかけながら描かれた絵を共有していく。
- 経験の再現で「一緒に絵を描く」と言ったときに，語られる内容が真実か否かということは問題ではない。相談者がそう思った，そんなふうに記憶している，そのように感じた，ということがここで語られる「真実」であり，大事なことである。これを「絵を描く」ということのもうひとつの注意点として踏まえる必要がある。

A-1：経験の再現の目的・効果

- あなたの，相談者に対する「経験の再現」の働きかけが，以下それぞれの目的，効果につながることを認識していたか。

①自己概念の成長

- 「経験を糧に人は成長する」ということを念頭に置いた関わりをしていたか。そのことを認識していたか。
- 「つらい問題や，悩みから解放してあげたい，楽にしてあげたい」という思いから，あなたは相談者に経験から目を逸らすような関わりをしていたことに気づいていたか。
  （例：「この人にとって，この経験はつらそうだ，いっそ忘れてしまったほうがよい」とか，または「この人は，責任感が強すぎる。この出来事にそんな責任を感じることはない」など，相談者にとってその経験の意味を聞き取る前に，「そんなことは，忘れてしまえ」といった対応をしていなかったかどうか）

②共感の条件

- あなたは経験の再現が，相談者の考えや感情に共感するための条件となることを認識していたか。

  （例：「先日，職場の上司に叱られて腹が立ったんですよ」と相談者が語った場合，共感するためには，まず上司に叱られた経験を再現する必要がある）

③客観視の条件

- あなたは経験の再現が，経験を客観視するための条件となることを認識していたか。
- 経験代謝サイクルの「人」と「経験」が離れて描かれている大きな理由は，この「経験に自己を観る」，つまり自己を客観視することでもある。
- 怒りや悲しみ，または喜びの経験を語る相談者は，それらの感情のなかにあり，自己を省みることができずそれらを語っているかもしれない。経験を語ることは，そのときの感情から抜け，自己を客観視するための条件となる。
- 自己の経験を客観視することは，経験の語りに投影された「意味」（「モノの見方，考え方」）を認識することになる（「意味」のなかで，「ありたい自分」が反映したモノが「自己概念」）。

④自問自答の準備

- あなたは「経験の再現」が，あるテーマについて，相談者の「モノの見方，考え方」を相談者自身がつかむための準備となることを認識していたか。
- 人は経験からたくさんのものを受け取っている。しかし，それらをすべて意識化し，テーマに合わせて経験が示すそれぞれの意味を取り出せる訳ではない。テーマに関する経験の語りを通じて自身の「モノの見方，考え方」に気づくことができる。

  （例：未婚の中高年男性に「あなたの結婚観は？」とある人が尋ねた。男性は，なかなか答えが思いつかなかった。「今まで付き合いのあった女性はどのような女性か」「そのような女性と別れるときはどのような経験をしたのか」などを尋ねられるなかで，次第に自分の結婚観が見えてきた。この場合，「自分の結婚観は何だろう」と自問自答するためには，その前にこのような経験の再現が必要である。つまり経験の再現は自問自答の条件となる）

⑤自己承認の促し

- 経験の再現は，相談者の自己承認を促すことにつながり，よって相談者の世界が広がることを心得ていたか。

  （例：引きこもりの子どもに，昨日家でできたことを話してもらい（経験の再現），それを「そぉ〜」「そうなんだ〜」と関心を示しながら聞くことで，その子どもは自身が承認されていることを感じ，同時に自分を承認し，そのような経験の再現を繰り返すことによってその子の世界が次第に広がる）

⑥介入の表現

- 「レンズ」に対応した介入であるが，その表現に問題があったとき，意図した内容が相談者に伝わっていないことを認識していたか。

      CL：会社のなかでの今の私は，畑のなかの青虫のような状態で仕事をしています。
      CO：青虫って，何ですか？
      CL：キャベツなんかに付く虫です。

　キャリアカウンセラーは，「青虫」を相談者の会社のなかでの仕事ぶりを表すメタファーとして捉え，どのような経験を「青虫」と表現しているのか。経験の再現を促す問いかけのつもりだった。

　相談者は，キャリアカウンセラーからの問いの意図は理解したかもしれないが，「観たくない自分」を語ることを無意識的に避けこのような応答になったと考えられる。

　ひとつの妥当解――「〇〇さんがおっしゃる「青虫」とは，どんな状態をおっしゃっているのですか」。

A-2：“どのような”経験を再現するのか

①再現すべき経験

- 相談者が相談に来たきっかけとなった「経験」，つまり相談者の自己概念（「モノの見方，考え方」「かわいい自分」「いとしい自分」）が揺らいだ，または脅かされた何らかの経験が，何だったかを認識しようとしたか，それを認識できていたか。
- 相談者は何か話したいことがあるから相談に来ている。相談したいと思った

きっかけとなった経験を「再現すべき経験」と呼んでいる。

- 相談者が語る話は，ある事柄／出来事に対する顛末や内容，それに対する考えや感想である。キャリアカウンセラーとして，そのような話を聴く最初の心がけとしては，「この相談者は何が話したいのかな？」，すなわち「どのような『経験』をしたのかな？」である。

- 「再現すべき経験」は，1つに限らない。関連している経験がいくつかある場合は，「再現すべき経験」は複数となる。

- 「悩み」や「やっかいな問題」を抱えて来る相談者は，あなたに「何を求めて相談に来るのか」と言えば，それは「自己概念の確認（のための支援）」「自己概念を守る（ための支援）」を求めて来ると言える。

むろん，相談者にはそのような意識はない。しかし，キャリアカウンセラーであるあなたは，相談者が語る「悩み」や「やっかいな問題」には，相談者の「見たくない自分」「（そのようには）ありたくない自分」が映っており，相談者の「自己概念が揺らいでいる」「従来持っていた，モノの見方，考え方が揺らいでいる」経験が「再現すべき経験」だという認識をもって話を聴く必要がある。

②介入の表現
「レンズ」に対応した介入であるが，その表現に問題があったとき，意図した内容が相談者に伝わっていないことを認識していたか。

A-3："どのように"経験の再現を促すのか
①経験の共有——相談者の自己探索の支援（pp.40-41 参照）

- 「経験の共有」とは，キャリアカウンセラーが考えた何らかの想定に基づいて行われる経験の再現である。

- 「悩み」や「不安」を内容とした相談の場合，背後に「観たくない自分」の存在が想定される。あなたは，相談者が語る経験のなかで，重要と思われるが欠けている部分，まだ語られていない部分，それを経験しているときの相談者の心模様などを共有しようとしていたか。また，必要に応じてそれを促していたか。

②経験の再現を遮る心の動き

- 相談者が語る経験の内容が，「悩み」や「やっかいな問題」を含んでいる場

合，「経験の再現」に対して意識的ないしは無意識的に抵抗が起こる場合がある。あなたは，その抵抗や防衛に気づいていたか。

- 相談を受けるケースのほとんどがそうかもしれないが，相談のテーマが否定的（「悩み」「心配」「不安」「やっかいな問題」）な場合（「気になっているが解らない」「○○○が苦手」「何となくモヤモヤしたものを感じる」など），その背景として，次のことが言えるかもしれない。

  - 「見たくない自分」の存在
  - 「忘れてしまいたい経験」の存在
  - 「ありたくない自分」から遠ざかりたい（「自己概念の否定的表現」）

あなたは，このような隠された心理の存在に気づいていたか。

③介入の表現
- 「レンズ」に対応した介入であるが，その表現に問題があったとき，意図した内容が相談者に伝わっていないことを認識していたか。

4 意味の出現（B）

- あなたが相談者に経験の再現を促すことによって，相談者は，記憶やイメージのなかの経験を言葉にしてあなたに語る。相談者は，言葉で表した経験を，もう一度経験し直す。
- 相談者は，言葉で表した経験を再度経験し，自身のその語りを通して，またはあなたの問いかけをきっかけに，出来事をそのように観た（表現した）自分自身を省みる。

B-1：意味の出現の概念的理解
- 「意味の出現」とは自己理解のことであり，経験を通して立ち現れる，相談者自身のその出来事や事物に対する理解の仕方，感じ方であることを，理解していたか。
- 相談者が経験を語るその言葉，態度などを手がかりに行う自己探求であり，その自己探求の結果"立ち現れる"「自分が持つ理解の仕方，感じ方」，つまり「モノの見方，考え方」である（「意味の出現」の「意味」には，「ありた

い自分」によって意味づけられた「自己概念」と，その人独自の経験によって意味づけられた「意味」※2がある）。

- 「"立ち現れる"」とは，新たに意味が生まれるのではなく，以前から自身で持っていた意味が意識化される，という意味合いである。

①第1ステージ——自己概念の否定的表現

- 「ありたい自分」を前提としながらも，「自己概念」を守ろうとするがゆえにその経験に対する表現が否定的になっているもの。「自己概念」に至る最初の段階という意味で，「第1ステージ」とした。

- 無意識に取り入れた外部の評価基準によって付与された意味（与えられた自己概念）である。本来の自己概念とのせめぎ合いにより，相談者にとって否定的になる。

- 経験が「自己概念の成長」の糧であるのと同じ意味で，「自己概念の揺らぎ」は，「自己概念の成長」の糧である。したがって，しっかり向き合わなければいけない（とてもつらいときは時間を置く必要もある）。

②第2ステージ——「揺らぎ」の受容・統合

- 自己概念を確認する。
- 「ありたい自分」に意味づけられた「意味」（「モノの見方，考え方」），つまり「自己概念」そのものの現れを指す。
- 必ずしも「意味の出現」は第1ステージの次に第2ステージが続くとは限らない。その経験が，ワクワクする楽しい経験，賞賛を受け，成功したと思える経験などの場合は，最初から第2ステージの「意味」が現れると考えられる。

③「自己概念が揺らぐ」とき

「自己概念」とは，「ありたい自分」に意味づけられた「モノの見方，考え方」，

※2 「自己概念」とは異なる，「その人独自の経験によって意味づけられた『意味』」とは，次のようなものである。ある人が書斎で本を読んでいたところ，「びゅ～，びゅ～と風の音が聞こえ，次の瞬間，書斎の窓ガラスが砕け散った」という経験をした。以来この人にとって「びゅ～，びゅ～」という風の音は，「身の危険」を「意味」するようになった。

つまりとても大事なモノである。しかし、“ある”経験が語る意味は、護りたい「自己概念」と違う意味を示している場合がある。「かわいくない自分」は見たくない、自己概念を護るためには否定したい。しかし一方、否定しがたいモノとしてその意味を受け取っている。そんなときに「自己概念が揺らぐ」。

今まで自分が「良し（好き、正しい、近づきたい……）」としていた「モノの見方、考え方」である「自己概念」に対する自信が揺らぐ。「ひょっとすると自分のモノの見方、考え方は違っていたかもしれない」と、心の隅で語るもう一人の自分の声が聞こえる。そんなとき、「自己概念が揺らぐ」のである。“ある”経験とは、ひとつの経験のこともあるし、これまで何十年かの人生を指す場合もある（第I部・第1章 **4**−**3**「与えられた／借り物の自己概念」）。

B-2：問いかけの意図
①問いかけ表現
- 問いかける際、その意図を明確にしていたか（意図が明確だったか、表現が明確だったか）。

②問いかけ意識の方向
- 「人」に意識を向けて問いかける必要がある場面で、「事柄」に意識を向けた問いかけになっていなかったか。「人」に意識を向けた問いかけを行う必要性を認識していたか。「人」に意識を向けるとは、1人の相談者の「モノの見方、考え方」「その人らしさ」の現れに意識を向ける、ということ。

B-3：自己概念の影
- 「自己概念の影」とは、心の「内」にある「モノの見方、考え方」が、何らかの語りや、態度など「外」に現れたモノを指す。
- 「意味の出現」を促すための問いかけの対象である。

①自己概念の影
- あなたは、相談者の経験の語りのなかに現れる特徴的な表現、または相談者の態度や表情に現れる特徴などが、相談者の「自己概念」の「現れ（客観的なモノ）」「手がかり」であることを認識していたか。
- 言語的な「自己概念の影」と非言語的な「自己概念の影」がある。また言語的な自己概念の影にも経験の再現のなかで「語られたこと」と、「語られな

かったこと」がある。「語られなかったこと」とは，話の流れから当然語られるような事柄だと思われることを語らなかったというような場合を指す。

- また「語られ方」にも自己概念の影が現れる。話しの抑揚，強調の仕方（繰り返し含む），強調した箇所，矛盾（先に話したことと後に話したことの間の矛盾など），話題（なぜその話をするのかなど），話の流れ（コロコロ話題が変わる，何かあるテーマについて話した後，急に話が変わるなど）といったものにも自己概念の影が仮定される。
- 非言語的自己概念の影とは，表情，仕草，態度，持ち物，服装などである。

②介入の表現

「レンズ」に対応した介入であるが，その表現に問題があったとき，意図した内容が相談者に伝わっていないことを認識していたか。

B-4：経験に意味を語らせる（内省を促す問いかけ）

①あなたは，問いかけることで相談者の経験の語りに現れた「その人ならでは（自己概念，ありたい自分)」を相談者に気づいてもらおうとしたか。

②あなたは，「自己概念の影」に対する問いかけの意図を認識していたか。

③あなたは，相談者に対して"経験に開かれる"ことを促していたか。そのための問いかけ方を知っていたか。

④「介入の表現」――「レンズ」に対応した介入であるが，その表現に問題があるため，意図した内容が相談者に伝わっていないことを認識していたか。

「経験に意味を語らせる（経験に開かれる)」とは，相談者が自分の経験からある種の意味を受け取っているが，これまでの習慣的な考え，思い込み，借り物の自己概念などの影響で違った意味として認識していたことに気づく，という意味である。

B-5："問いかけ" に対する応答

①「介入意図に対応した応答」

- あなたの問いかけに対する相談者の応答を，あなたの問いかけの意図に対応した内容だったか否かを意識して聞けていたか。

②「応答に現れた防衛」

- あなたの問いかけに対する相談者の応答を，相談者の抵抗，防衛を知る手がかりであることを認識していたか。

③「相談者の内省」

- あなたの問いかけに対する相談者の応答を，相談者の意識が，経験の内容から相談者自身へ切り替わること，つまり相談者が自問自答していることを認識していたか。それを意識した関わりを行っていたか。

④「介入の表現」

- 「レンズ」に対応した介入であるが，その表現に問題があったとき，意図した内容が相談者に伝わっていないことを認識していたか。

5 意味の実現（C）

- 相談者は，言葉で表した経験を再度経験し，自身のその語りを通して，またはあなたの問いかけをきっかけに，出来事をそのように観た（表現した）自分自身を省みる。
- 相談者は，これまでのキャリアカウンセリングで気づいた自己概念（「良し，としているモノの見方，考え方」）をもとに，仕事や日常生活にそれが反映された課題を考え，実行に移す。

C-1：意味の実現の概念的理解
①課題設定

- あなたは，「意味の実現」の概念を，「ありたい自分」に基づいた，経験を生み出すための課題設定とその実行，であることを認識していたか。
- 「意味の実現」の意味とは，「ありたい自分」，つまりプライド（自尊感情）の源泉となる「モノの見方，考え方」（自己概念）である。

　したがって，「意味の実現」とは，「ありたい自分」に基づいた行動を実行することであり，「自己概念」を「確認」「強化」「応用」することである。そのための準備として「自己概念」ないし「ありたい自分」に沿った課題設定が必要となる。

②「介入の表現」

　「レンズ」に対応した介入であるが，その表現に問題があったとき，意図した内容が相談者に伝わっていないことを認識していたか。

C-2：“ありたい自分”に関する認識

①ありたい自分の再確認

- あなたは，相談者によって確認された「ありたい自分」を表す言葉が単にその場の思いつきではなく，たしかに今までのさまざまな人生経験を貫くテーマとなっており，その方向で相談者が出来事を意味づけてきたことが確認できるレベルの言葉になっている必要があると認識していたか。

②介入の表現

　「レンズ」に対応した介入であるが，その表現に問題があったとき，意図した内容が相談者に伝わっていないことを認識していたか。

C-3：設定された各課題と「自己概念」「ありたい自分」

①「行動テーマの設定／実行」

- 確認された「自己概念」「ありたい自分」を，自分自身（自分自身に対する態度），または生活の場面（仕事，同僚との関係，家族など）で生かすことができるかを，相談者に考えさせる必要性を認識していたか。
- 何らかの具体的な課題の実現行動を通して「ありたい自分」を実現することになる。そのための課題を設定する訳であるが，それらの課題の実現イメージが「ありたい自分」につながっている必要がある。

②介入の表現

　「レンズ」に対応した介入であるが，その表現に問題があったとき，意図した内容が相談者に伝わっていないことを認識していたか。

⑥ 条件／関係性の条件（D）

- あなたは，経験代謝のメカニズムを円滑に機能させるための条件として，相談者との関係性について認識していたか。

D-1：必要性の認識

- あなたは，「受容」「共感」「好意的関心」「"一人"になれる」「共に居ながら関わる」などの概念を心得ていたか。必要性を認識していたか。

D-2：統合されていない自己

- 相談者のなかに，またはキャリアカウンセラー自身のなかにある，統合されていない自己，つまり「忘れてしまいたい経験」「見たくない自分」などが，相談者自身の理解に影響することを認識していたか。

D-3：介入の表現

- 経験代謝サイクルに対応した介入であるが，その表現に問題があったとき，意図した内容が相談者に伝わっていないことを認識していたか。

① 「受容」「共感」「自己一致」について

クライエント中心療法で有名なアメリカの心理学者でカウンセラーのカール・R・ロジャーズ博士は「人格変化の必要十分条件」という論文を書き，そこに6項目の基本的態度条件を挙げた。うち3つが有名な，受容，共感（的理解），自己一致である。必要十分条件なので，カウンセラーはこの条件さえ備えていればいいというものである。そして名前からしてこれは条件である。

条件の辞書的な意味は，「物事の成立あるいは実現に必要な事柄。ある事態を引き起こす原因」とある（『大辞林』第3版）。ロジャーズはクライエントの人格変化について，「全き人格の発揚」を制約している／阻んでいるものを取り除けば，つまりカウンセラーがその条件を満たせば，クライエントは"自ずと"変容する，と考えたのである。

この「受容」「共感」「自己一致」は有名で，あたかもカウンセリングの目標であるかのように理解されている向きもある。何のためにそう（「受容」「共感」「自己一致」）するのか。カウンセリングは意図にもとづいた行為である。その意図をしっかり意識する必要がある。ロジャーズは「……防衛する必要がないときには，攻撃の必要もまったく生じない……」（保坂 亨ほか＝訳（2005）『クライアント中心療法』岩崎学術出版社［p.349］）と言っている。「受容」「共感」「自己一致」は，防衛の構えを解き，以て相談者が感じているままを感じることを促すためのカウンセラーの心がけと言える。

繰り返し強調するが，「受容」「共感」「自己一致」は何のためにするのか，それ

はロジャーズの言葉を借りると「……その人固有の認知の場に基づいたその人の意味づけによって機能している，独立した個人であると知覚されるようになる」ためである。このロジャーズの言葉は，経験代謝理論で換言すると，経験代謝サイクルの「意味の出現」が促される，ということであると考える。

② 「"一人"になれる」「共に居ながら関わる」「好意的関心」

　ニュアンスの違いはあるが，「受容」「共感」とその意図はほぼ同様である。「受容」「共感」が，キャリアカウンセラー自身に向けられた言葉であるのに対し，これらは相談者に意識が向いている。

- 「"一人"になれる」とは，「一人になって静かに考える」などと表現する場合と意味するところは同じである。キャリアカウンセリングの場面では，基本的に相談者の前にはキャリアカウンセラーがいるので一人ではないが，あたかも相談者が一人になって考えるときのように，キャリアカウンセラーは「防衛する必要」を感じさせない存在でいられるような意識を示す言葉である。キャリアカウンセラーからの問いかけを一人になって考えるかのように，自身を省みて考えられるような関わりである。
- 「共に居ながら関わる」とは，「問いかけ」や何らかの「促し」などを行う際の相談者に対する関わり姿勢を言っている。「共に居ながら」つまり，相談者は通常，何らかの経験をキャリアカウンセラーに語るわけであるが，キャリアカウンセラー自身の意識としては，その相談者が語ろうとしている状況に身を置きながら，状況を共有しようという意図の下に問いかけを行うことを指している。
- 「好意的関心」とは，相談者に対する姿勢を言っている。これは，第I部・第2章で述べた「再帰性」と関連している。つまり，キャリアカウンセラーが「好意的関心」を相談者に寄せるとは，相談者自身が自分自身に肯定的になることを同時に意味する。「自己概念の成長」を促す，つまり「違和感の受容／統合」の準備となる。
- 「相手をどう認識するか」に関しては，外の枠組みの下で人を観てはいけないと考える。つまり，レッテルの下に人を観てはいけないと考える。レッテルの下に人を観るとは，結局ユニークな存在である「人」の要素が捨象され，そのレッテルが示す「事柄」に意識が向くことになる。
　さらに，相談者に向けた意識という観点で言うと，「相手（相談者）をど

う認識するか」に関して，外の枠組みの下で人を観てはいけない。つまり，何らかのレッテルの下に人を観てはいけないと考える。私たちはややもすると，「男だから」「女だから」「とかく日本人は」「あの人は〇〇派だから」……という言い方をする。レッテルの下に人を観ると，結局ユニークな存在である「人」の要素が捨象され，そのレッテルが示す「事柄」に意識が向くことになる。同様に，「自分をどう認識するか」に関しては，あなたも自身を「支援する人」と"のみ"認識してはいけないと考える。つまり，キャリアカウンセラーは「支援（を役割と）する人」でもあるが，キャリアカウンセラーと相談者の関係を超えて，一緒に課題を設定し，共に成長する関係を，「支援する人」「支援される人」の関係の上に構築することを心がける必要がある。

第2章

スーパービジョン事例

1 「勉強嫌いな息子」──キャリアカウンセリング編

　次に示す事例は，第I部・第4章の事例7で実際に行われたキャリアカウンセリングと，その後に行ったスーパービジョンである。基礎編で行ったエクササイズと演習は割愛し，3 「スーパービジョン編」の各解説で詳しくお伝えする。

面談の情報

　①所要時間：最初の15分

　②クライエントの性別・年齢・服装・その他（化粧，持ち物，髪型の様子，など見た目からの全体印象）：40歳代・女性／お出かけ着・ナチュラルなお化粧・セミロングヘア・働きながら子育てや教育にも手を抜かないしっかりした雰囲気

　③クライエントの主な訴え：息子の勉強に対する姿勢について不安に思っているが，息子と会話ができない。

CC：キャリアカウンセラー／CL：相談者

🔍＝違和感を抱く介入に対する「レンズ」

番号	逐語録	コメント
CL1	よろしくお願いいたします。	
CC1	よろしくお願いいたします。Oさん，今日はどういったご相談なんでしょう？	
CL2	えっと，ですねえ，あのぉ〜，息子のことなんですけれども（息子さんのこと，はい）。はい，あの，2人いるんですけど，長男が今，高1で。長男のことなんですけれども，小学	

校のときから，勉強がすごく嫌いで（笑いながら），えっと，そうですね。勉強を教えるのが大変だったんですけども（ええ）。ええまあ，一応，高校に。中学は，まあ，塾も行きながら，高校に入るときは，受験ではなく推薦みたいな形で入って，なんていうんでしょうね。とにかく，野球が好きなんですね。（ええ，はい）

で，野球ができるところということで，高校も選んで入っているんですけれども，それはいいことなんですけども。

とにかく，勉強嫌いでですね（笑いながら）。ちょっと，進学大丈夫？　っていうくらい，進学というか進級ですかね，大丈夫かなって不安になるくらいに，なんというか，ほんと勉強に身が入らないんですよね。で，ある程度進学というか，ま，熱心なところなので，高校1年から，夏休み前に，先生と進路面談があったりとか，大学のオープンキャンパスに行きなさいとかですね，いろいろ宿題が出るんですけど。全然，こう，身が入らなくってですね。（笑いながら）本人が。なんか，う〜ん，どうしたもんかなと思っているんですよね。

CC2 う……ん。今，えっと，高校1年生で（はい）いらっしゃって（はい），野球がお好きで，野球で入られたということで，でも，あの，勉強に身が入らないので（ええ），ちょっと進級も心配されていらっしゃる，というような状況でいらっしゃるんですね。

相談者の状況を確認している。

🔎**D-1「必要性の認識」**

CL3 え〜，なんとか上がれるとは思うんですけども，（笑いながら）なんていうんですかね。一応，やれば，やればできなくはないと思って

	いるんですけど（ええ，ええ），そもそも，勉強嫌いって自分で思っちゃってるので。	
CC3	ええ，勉強嫌いって思っちゃってるっていうのは，なんか，そういうことを本人が言われているとか，あのお（ん〜），お母さんがそういう風に感じていらっしゃるんでしょうか。それとも……	「勉強嫌い」という相談者の言葉に反応している。「お母さん……でしょうか」はちょっと気になる表現。「本当にそうなのか？」というニュアンスを感じる。🔍**D-1「必要性の認識」**🔍**B-2「問いかけの意図」**
CL4	そうですね。日頃の生活からも，なんていうか，ほんと部活中心なので（ええ），あの，試験前以外で，そもそも，なんか宿題があまり出てないんですよね，学校で（ええ）。で，夏休みとか，休みになると，どっさり出るんですけど（ええ），平日は，あまり出てないらしくって。で，そうすると，まったく勉強してる節がなくてですね（ええ）。 部活で帰りも遅いですし，あの，土日も部活なので（ええ）。 部活が休みの日があるんですけど，休みの日は，もう友達と遊んで，まあ，夜食べて帰ってきたりとかするので，なんというんでしょうか。絶対的に勉強量が。学校には行っています（笑いながら）けども（はい），それだけっていう感じなんですよね。	
CC4	学校に行ってるだけみたいなところが，すごく不安に思っていらっしゃる感じなんでしょうか？	相談者の認識を確認しているニュアンスを感じる。🔍**D-1「必要性の認識」**🔍**B-2「問いかけの意図」**🔍**A-3①「経験の共有」**
CL5	そうですね。で，それなりに試験で点数が取れていれば，そんなには心配しないですけど	

（ええ），あの，2学期のときに，すごい，ひどい点数があって（ええ），2学期の期末試験でですね（ええ，ええ）。で，そのとき，さすがに，普段，勉強しなさいって口うるさく言ったりしてないんですけど（ええ），あの，さすがにその点数を見て，ちょっとこれは，2年生になれるのかなと思ったんですよね（笑いながら）（ええ），私が。心配で（ええ）。

それくらい点数が悪くって，で，まあ，本人に聞いたら，たしかに，勉強してないとやっぱり，できないんだみたいなこと（笑いながら）言ってたんですけど（ええ）。言ってたんですけど，ん〜，その言い方もなんというか，切迫感がないっていうか（ええ），これで，次の試験勉強，大丈夫なのかなって，その，あの，反省していないっていうか（ええ）。

ん〜，本人が焦ってなければ，次，大丈夫かなあって，すごく私が心配になって（ええ）。で，心配していることは伝えたんですけど，あんまり言いすぎると，やっぱり，あの，その，話をしなくなっちゃうので（笑いながら）。

CC5	息子さんがあまり話をしたくなさそうな感じになっちゃうという感じなんですか？	
CL6	そうですね。明らかに。	
CC6	そうなんですね。あの，話をしたくなくなっちゃう息子さんを見てると，Oさんはどういう風に思われるんですか？	相談者に焦点を当てようとしている。「人」に意識を向けている。 ♪B-2「問いかけの意図」
CL7	なんていうんでしょうね。そのお，勉強しなさいって人から強要されて，嬉しくはないだろうと思うんですね（ええ）。 で，好きなものならともかく，もう，あの，	

好きじゃない訳なので（ええ），あの，余計，しかも，点数が出てるから，できてないことはわかっていると思うので（笑いながら）（ええ），なおさら，人からも言われたくもないだろうし（笑いながら），だから，なんていうかな……私も，あんまりこう，いろいろ言うと逆効果になるかなと思っているので（ええ，ええ）。

やっぱり，あ，また，なんか，あの，会話をやめてしまったと思ってですね。なんか，どうしたら，やる気が，どこにやる気スイッチがあるのかなみたいな感じで，難しいなと思いますよね。

CC7	そうなんですね。息子さんがそんなにひどい点を取ってこられると，お母さんは心配ですよね。びっくりされたんじゃないですか？	共感している。「再現すべき経験」が何かをキャッチできるかもしれない。共感のポイントは，「経験の再現」ポイントでもある。
CL8	そうですよね。さすがに高校は中退してほしくないなという感じですよね（笑いながら）。	
CC8	そんなに，ひどかった，ひどい点で？	
CL9	そうですね。あのぉ，なんていうんですか。赤点，30点いかないと赤点なんですけど（ええ）。赤点，あのときどうだったかな。赤点が，2つくらいあったのかな（ええ）。そうですね。ちょっと，さすがにこれが続くと，あの，3学期の時点で，全体を通して，なんていうんでしょうか。赤点があると，あの，2年生にはなれないんですよね。そういう決まりになっているんですね（ええ）。なので，ん～，まずいな，という感じですかね（笑いながら）。	
CC9	Oさんはまずいなと思っていらっしゃるけど，	

息子さんはそれほど思っていないっていうような，そんな感じなんでしょうか？

CL10 しっかりやらないとダメなんだなとは言ったんですけど。でも，その言い方だけだと，どこまでわかっているのかなと思いましたし，まあ，私としては，あの，野球やりたいとしても，あの，2年生になれなかったら，野球もできなくなるよっていう感じで。それは，つねに言ってるんですけどね。日頃。だから，なんだろうな。ちょっとわかんない，わかんないです。

こちらが言ったことをどう受け止めているのかが，あの，普段の会話からも，結構わからないことが多いので，あんまり返事がなかったりとかして。あの，楽しい話なら返って来るんですけど（笑いながら），あの，そうじゃない話のときは，あまり返事がないので。で，どうなのって，こう聞くと，なんか逆ギレしたりするんですね（笑いながら）（あ～，そうなんですね）。なかなか，こう，難しいですよね。

CC10 なんか，こう，コミュニケーションがちょっと，その勉強の話になると，取りにくいと感じられる，そういうところがあるんですかね。

勉強の話から，息子とのコミュニケーションに話が展開したことを確認している。

CL11 そうですね。要は，自分に都合の悪いことになると，返事があまりないというか（笑いながら）。うん。

CC11 そうなんですね。でも，あの，やっぱり，あまり勉強をしないと良い点を取れないんだなって，息子さんはおっしゃってると言われましたけども。

息子，つまり「事柄」に意識が向いている。「息子さんは，自覚しているんじゃないか」とキャリアカウンセラーは言いたいのか？

CL12	（CCの言葉にすぐ続くように）その一言だけ聞けたという感じで。そのときは。	
CC12	そうなんですね。でも，その言葉を聞いても，Ｏさんは，ちょっと，やっぱり不安を持っていらっしゃるみたいな，ほんとかなというところを感じていらっしゃるような，そんな雰囲気を……。	これまでの流れから，キャリアカウンセラーは息子を好意的に観ようとしているように感じる。
CL13	（CCの言葉にすぐ続くように）そのこともありますし，結局，試験終わると，あの，なんでしょうね。まあ，勉強しないですから，まったくそういう行動は見られないので，ああ，やっぱり，なんか忘れちゃってるのかなって，見えるんですよね（ええ，ええ）。で，すごく私もこれは，ほんとに大丈夫だろうかと思ったので，なんか，赤点取ったのが，世界史だったんですけど，その，どうしたらやる気が出るかをいろいろ考えたあげくにですね（笑いながら），なんか，あの漫画で，漫画の世界史とかありますよね（ああ，ありますよね）。ありますよね。それを買ってきて渡したんですね（はい）。　で，まあ，なんでしょうね。まず，こういうのを読んで，いろいろ読んでいるうちに頭に入っちゃうかもしれないじゃんとか言って（笑いながら），これだったら，楽に勉強できるかもよ，とか言ってですね，渡してですね。　で，それは，まあ，しばらく1カ月くらい放ってあったんですけど，なんか，今回の試験の前になったときに，一応読んだとか言ってですね。そしたら，試験範囲と違うとか言うんですよね（笑いながら）（ああ，そうなんですね）。	

それで，慌てて試験範囲のものを買って渡したら，それは読んだみたいなんですけども，なので，一応，できそうなことはやろうかなと思いながら，つまり，あの，ただ，勉強しなさいだけじゃなくて，あの，なんか，こう，やる気が出る方法を探してですね（笑いながら），言っているんですけど。う〜ん……。まあ，それは，あの，そういうやり方をした方が，あの，なんとなく，まだ伝わっているかなという感じがするんですけどね。一応読んだみたいだったので。

CC13	でも，あのお，勉強されたら，ちゃんと点は取れるみたいなことを先ほど言われてましたけれども。	意識は，息子に向いている。息子に対するキャリアカウンセラーの「擁護」を感じる。 🔍○B-2「問いかけの意図」
CL14	そうですね。だから，今回は，世界史はすごい点数が良かったんですね。	
CC14	ああ，そうなんですか。すごいですね。それは。効果があったということなんですね。	息子が良い点数を取ったということは，キャリアカウンセラーにとっても嬉しかったのかもしれない。
CL15	そうですね。なんですけど，今度は日本史が赤点で（そうなんですか）（2人，笑いながら）。 　もうなんか，あの，はあ〜って感じで。ん〜，まあね，そんな一気に全部できないかもしれないんですけど，なんというか，ん〜，なんでしょうね。まあ，あの……今1年生で，まあ3年生，卒業したらどうするのということも含めて（ええ），あの，考えてほしいんですけど（ええ，ええ）。とにかく，部活と友達に夢中なので，（笑いながら）本人は。だか	

	ら，まあ，先の話っていうのは，ほんとに本人にとって，遠い先なんでしょうね。	
CC15	ねえ，まだ，高1で，16歳でいらっしゃいますよね。	息子に意識が向いている。相談者の経験を，相談者の自己概念を映す鏡との認識が遠のいているのかもしれない。 🔍B-1 「意味の出現の概念的理解」 🔍B-2「問いかけの意図」
CL16	そうですねえ。	
CC16	でも，野球にすごく，あの，夢中で，一生懸命そちらのほうはされてらっしゃるという感じなんですね。	
CL17	そうですね。ただ，その，野球はそこそこ強い学校で，あの，部員が1学年に60人くらいいるんですね。 　で〜，やっぱり，あのお，もう，なんていうんでしょう。実力別に分かれているので，トップチームには，なかなかなれないんですね。だから，あの，頑張ってはいるんですけど（ええ），なんか野球で何かこう，何かなるわけではないですし。ん〜まあ，野球選手になるって，中学校のときは言っていて，今はどう考えてるかわかんないんですけど（笑いながら）。でも，現実は見えていると思うんですね。ん〜，でも，じゃあ，野球じゃなかったら何なのかなっていうことも，おそらく，まだ考えたくないんでしょうし。	
CC17	考えたくないというのは，なんか，Oさんはどういう風に思って，そう言われていらっしゃるんですか？	不明確な問いかけになっている。CL17は「再現すべき経験」が語られていて，大変重要な部分。キャリア

🔍 A-2① 「再現すべき経験」

カウンセラーの内面で素直な問いかけを，何かが躊躇させているものがあるのかもしれない。そういう場合，このような不明確な言葉となる場合がある。

CL18	例えばですね。あのぉ，なんでしょう。こんな仕事があるよ，みたいなサイトを見せますよね（ええ）。すると，まったく興味がないっていう感じなんですよ。どの仕事を見ても（同時に声が被さりながら）（見たくない……）興味ないふりをしているのかわからないですけど。次男のほうが，僕こういうのやってみたいって言ったりして。まだ，小学生なんですけどね。なんていうかな。ほんとに，まったくこう，関心を示さないので。そうすると，なんでしょうね。なんか，正直，大学に行きたくなければ，行かなくてもいいかなっていう気がするんですけど（ええ）。でも，何かしら進路は選んでいかなくてはならないので（ええ，ええ），なんか，そういうところにまで，あの，本人の頭とか心がついていかないまま，野球に夢中になって，このまま3年生になるんじゃないかって（笑いながら）。そういう感じがしちゃってですね。

1 キャリアカウンセラー（スーパーバイジー）の振り返り

①逐語録記入後の全体感想（良かった点，改善点）

（良かった点）CLの話の流れに添って，受容，共感，一致していった点。

（改善点）経験の再現を促すところで促していない点。笑いながら話しているときに，そのことについての問いかけがされていない点。

②クライエントは，キャリアカウンセラーの関わりについて，どのように感じていたか

「受容，共感，一致」の関わりは，受け入れてくれていたように感じる。

③今回のケースについて，経験代謝理論の視点からどのようなことが言えるか

　CLは，最初，息子の勉強について，ずっと話されていた。自己概念の影として「勉強」「勉強に身が入らない」「試験」「点数」「進級」などの言葉がたくさん出てきた。このとき，どうして，CLは勉強のことばかり話すのだろうかと思いながら聞いていた。CL5の前半に出てきた「2年生になれるかどうか」という言葉に，事態は重大性を帯びているのだろうと思い，そこに焦点が当たってしまった。CL5の後半から，息子との会話の話が出てきたが，そこをつかみながら（CC5）経験の再現を促す問いかけにはなっていなかった。「言い方も切迫感がない」「話をしなくなる」「会話をやめる」などの自己概念の影をつかめていない。

　CC6のところも，経験の再現を促す問いかけをすべきだったが，CLの思いを聞いているため，CLは，自分の考えを話しはじめる。CC7でCLに共感を示す投げかけをしたが，CC8では，「高校中退」という事態の重大性にとらわれているため，勉強の話に戻してしまっている。

　CL9で，CLと息子の勉強に対する意識のすれ違いが，一番話したいことなのかもしれないと思った。

　しかし，CL10で，息子との会話の話に戻ったので，CC10で息子とのコミュニケーションのことについて聞いてはいる。しかし，経験を促す問いかけにはなっていない。勉強に強い思いを抱いているCLは，どうしてそのように勉強にとらわれているのか，高1の段階で将来を勉強という物差しで測ろうとしているのはなぜなのか，というところに焦点を当てて問いかけているが，経験の再現を促す問いかけはしないまま，勉強についての話が続く。

④スーパビジョンで検討したい点，気にかかる点はどのような点か

　逐語録を起こした後，再現すべき経験は「息子との会話」だったと思った。しかし，最初に「勉強に強い思いを抱いている」ところがCLの自己概念の影だと思い込んでしまっており，そこに関わる経験の再現を模索しているような展開になっている。再現すべき経験をつかむにはどうすればいいのか，どのようにアンテナを張ればいいのか，というのがとても気にかかる。また，CLが笑いながら話していることも気になりながら，CLにとって深刻な問題ということをごまか

すための自己防衛と思い込んでしまい，勝手にCLの心境を慮り，恥ずかしい思いをさせてはいけないと思ってしまった。また，そんなに息子の勉強や将来について，自分の型にはまった見方で心配しているように見えていたことにずっと違和感を抱いていたにもかかわらず，それをはっきりと問いかけていない。自分の何がそれを押しとどめているのか，どうすれば一歩踏み込んで問いかけられるようになれるのかというのも検討したい。

② 演習

> **Q1.** この事例の相談者の自己概念は揺らいでいる。この人の自己概念はどのように想定できるか。

> **Q2.** この事例は，相談者は息子の将来について不安を語っている。相談者の自己概念は揺らいでいる。その「揺らぎ」は，相談者が「経験から受け取った意味」によって，自分の「良し，としているモノの見方，考え方」に自信がなくなったからである。
> ［設問2-1］相談者の「揺らぎ」が端的に現れている部分はどこか。該当すると思われる相談者の会話をその番号とともに会話の該当する部分を示せ。
> ［設問2-2］自己概念の揺らぎにつながった「経験から受け取った意味」は何か。逐語録のやりとりから想定される「意味」を記入せよ。

③ 事例解説

　相談者の息子（長男）は，高校1年生であるが，勉強嫌いで野球に夢中になっている。相談者はまず，息子の学校での成績について語っている。また，その関連で出てきた話として，息子とのコミュニケーションの取り方についてどのようにすればよいのか考えあぐねている。

　しかし，それらの話は，相談者の息子の将来を不安に思っていることに結びついているようである。つまり，相談者は息子に対して「今は野球に夢中でいいかもしれないが，それは将来の仕事に結びついている訳ではない。下手をすると野球に夢中になっていることは，進級にも影響しかねない」と考えている。つまり「野球は，高校卒業後の息子の役に立たない」「将来の観点から現実を考えるべき

だ」という考えを「良し」としており，それらは「親は，子供の将来に責任がある」という「モノの見方，考え方」に紐づいている，と考えられる。

　対応しているキャリアカウンセラーは，キャリアカウンセリングの目的である「自己概念の成長」を意識していたかどうかが疑われる。

　目的を意識した関わりを考えると，相談者に対して自己概念を省みることを促す関わりが望まれた。しかし，そのような関わりは，残念ながらあまり見られない。

２ スーパービジョン事例

１ 汎用技法

　次節で，前述の「勉強嫌いの息子」の事例でキャリアカウンセリングを行ったカウンセラーに対して実施されたスーパービジョンを読んでいただくが，そのなかで使われているスーパービジョンの実践で役に立つ5つの技法について解説する。これらは，自身のキャリアカウンセリングを見直す際の重要な観点が含まれており，スーパービジョンならではの技法である。S-SVの技法として利用していただけるよう，それぞれの技法に対して印象を持っていただけるように技法に名前を付けた。名前とともに技法を覚えていただきたい。

①技法１：「絵のタイトル」技法

　「自己概念が揺らいでいる経験」「自己概念が脅かされている経験」の内容を相談者と共有していくにあたって，その方向を意識する（見当をつける）際の技法である。「再現すべき経験」を「絵のタイトル」の方向で中身を具体的に描いていく。

①相談者の語りのなかで，相談に来たきっかけとなった経験（再現すべき経験）の話に注意を向ける（「経験の再現」を促す）。

②経験の語りのなかから自分自身に向けて語っている表現（「絵のタイトル」）に注意する。

③その「タイトル」に沿った絵を相談者とともに描いていくイメージで，キャリアカウンセラー（スーパーバイジー）とのやりとりを進める。

　　例：ある男性が自分のおかした仕事上のミスについて，上司から激しく叱ら

れた。男性はそれがとても「くやしかった」と語った。

　この例の語りのなかにはさまざまな経験が含まれているかもしれないが，相談のきっかけとなった経験は，「叱られた経験」である。この相談者の語りは「悩み」または「やっかいな問題」と言える。相談者が語りたい経験は，「自己概念が揺らいだ」「自己概念が脅かされた」経験であると意識する。「叱られた経験」のなかに「自己概念が脅かされている経験」「自己概念が揺らいでいる経験」が含まれている。

　「絵のタイトル」とは，「自己概念が揺らいだ」経験のタイトル，そして「自己概念が揺らいだ」ということは，自分自身に意識が向いた表現であることを意味している。まず，そのような表現にアンテナを立てることになる。相談者は，その経験についていろいろなことを話す。例えば「何度も叱られた」「大声で叱られた」「○○と言われた」「□□と言われた」……。これらは，腹立たしい，苛立たしい，と言えるかもしれない。しかし，これらは，自分自身に意識が向いた表現というより，相手，この場合は自分を叱った上司に向けた表現である。

　自分自身に意識が向いた表現という方向で話を聞いていくなかで，「くやしい」という言葉が聞こえてきた。「くやしい」は自分自身に意識が向いた表現であり，この相談者が言う「くやしい」経験とは，自己概念が揺らいだ経験ではないか，と想定される。そこで「くやしい」を「絵のタイトル」としてやりとりの方向を意識し，その方向で「経験の再現」を進める。

　もし，自分自身に意識が向いた表現が語られない場合は，相談者が語る「事柄」の背後で動いていると思われる相談者の感情（自分自身に意識が向いた表現）を想定し，それを「仮の絵のタイトル」とする。そしてその後のやりとりのなかで確認していく。

②技法２：「問いかけ」技法

　キャリアカウンセラー，つまりあなた自身がS-SVを通じて逐語記録を検討するなかで，ある介入に関して何らかの違和感を感じた場合，その介入，例えば問いかけをどのように言い直せばいいのかを自分自身で検討するための技法である。

　スーパービジョンの場合は，スーパーバイザーがスーパーバイジーに対して問いかける形で実施される。S-SVの場合は，以下の手順で自分自身に問いかける形で進める。

①違和感を覚える介入を選ぶ。

②「どうしてそうしたのか」を記入する。

③どのような意図（レンズの項目を参照）で問いかければよかったかを決定する。問いかけ案を案出する"方向"をしっかり確認する。

④その"方向"に従って「問いかけ」を検討する。実際の問いかけの言葉を文字にする。その際，そのような「問いかけ」に対して相談者がどう応えるかを思い描いてみる（文字にしなくてよい）。思いつくものを2つ，3つと書き出していく。頭のなかで考え，「ダメかな」と思ったものでもまず文字にしてみることが重要になる。いくつか書き出してみて，意図した"方向"に沿った「問いかけ」をメモから選ぶ。

⑤選んだ「問いかけ」と，実際のキャリアカウンセリングの際の介入（「問いかけ」）を比較する。実際のケースの際には，なぜ検討後のような「問いかけ」ができなかったのかを内省してみる。

⑥内省の結果を踏まえたうえで，今後同じようなキャリアカウンセリングを経験した際，今回の演習で検討したような「問いかけ」ができるかを確認し，しっかり意識にとどめる。

■ 実践における問いかけ

- 「問いかけの意図」を確認する（前掲の事例より）

  ① 違和感を感じる介入を選ぶ。

    CC11：「そうなんですね。でも，あの，やっぱり，あまり勉強をしないと良い点を取れないんだなって，息子さんはおっしゃってると言われましたけども」

  ②「どうしてそうしたのか」を記入する。

    「相談者より，相談者が話す息子に対して関心が向いたから」

  ③どのような意図（レンズの項目を参照）で問いかければよかったかを決定する。問いかけ案を案出する"方向"をしっかり確認する。「人」に意識を向けて問いかける必要がある場面で，「事柄」に意識を向けた問いかけになっていなかったか，「人」に意識を向けた問いかけを行う必要性を認識していたか。「人」に意識を向けるとは，1人の相談者の「モノの見方，考え方」「その人らしさ」の現れに意識を向ける，ということ。

  ④その"方向"に従って「問いかけ」を検討する。実際の問いかけの言葉を文字にする。

案1：「そういう息子さんの様子をお母さんはどう感じていらっしゃいますか？」

案2：「そんなとき，息子さんにはお母さんがどう見えてるんでしょうか？　どう思われますか？」

案3：「そういうときに息子さんは何を感じていらっしゃるでしょうね」

　案1は，「自分に都合の悪いことになると，返事があまりない」という息子の様子を観る母親自身，つまり自分自身に意識を向けることを促している。

　案2は，案1と問いかけの意図としてはほぼ同様であるが，「息子の目から見た自分（母親）」がどう見えるか，という問いかけ表現を取っている。

　案3も問いかけの意図としては，案1・2と同様である。母親つまり自分自身に意識を向けようとしているが，その意図はこの表現では明確に伝わらない可能性がある。

　母親の防衛を考慮に入れると，案2：「そんなとき，息子さんにはお母さんがどう見えてるんでしょうか？　どう思われますか？」が3つのなかでは，最も良いように思う。

③技法３：「相談者に対する感情」技法

　相談者の語りのなかでキャリアカウンセラー（スーパーバイジー）が相談者に対して抱いた感情を，相談者の自己理解のために“使う”技法である。キャリアカウンセラーが自身の感情を客観視し，自分の感情にとらわれることなく，自分の感情から自由になる技法である。

①相談者への感情に対応するキャリアカウンセラー自身の感情を探索する。

②キャリアカウンセラー自身の感情が何に由来するものなのかを内省する。例えば親の信念や価値観を内面化したものであることに気づく，または，これまでの人生で大きな失敗や成功した経験とそのときに抱いた感情や考えの記憶など。

③キャリアカウンセラー自身の人生経験から生まれた感情とケースのなかで相談者に感じた感情とを比較する。相談者のどのような感情に触れたとき，それに対応してどのような感情が反応するのかを理解する。相談者のどのような語りがスーパーバイジーの感情の引き金になったのかを理解する。

④相談者が，キャリアカウンセラーにそのような感情を起こさせるときの相談者の語りにパターンがあるかどうかを考える。パターンの認識には，当該相談者とこれまでに何度かのキャリアカウンセリング経験があるか，または1回のキャリアカウンセリングでも違った場面で，同じ傾向を繰り返す語りがあったかどうか，で判断ができる。

⑤相談者にそのパターンがあり，それが現在相談者に役に立っていないならば，問題を直接提示し，相談者に自身の問題の探索を促す（次節では，この技法に関連した説明をスーパーバイザーはスーパーバイジーに行っている）。

④技法4：「客観視を促す問いかけ」技法

この技法の名称に「客観視」という言葉を使ったのは，相談者自身が語った経験に対して客観視を促す問いかけという意味で，これを踏まえて「客観視を促す問いかけ」とした。しかし，もとより「客観視」が目的ではない。経験に投影された相談者の「モノの見方，考え方」を客観視する，つまり相談者に内省を促すことを意図した問いかけである。

具体例としては，技法2「問いかけ」技法の実践例として挙げた，案2「そんなとき，息子さんにはお母さんがどう見えてるんでしょうか？　どう思われますか？」もそのひとつである。

キャリアカウンセラーが相談者に対して「何を感じましたか？」と問いかけてもよいかもしれない。その問いから相談者は経験から受け取った意味を取り出せればいい訳である。しかし，この問いかけ方で上手く行くとは限らない。相談者が経験したことの意味が自分にとって「つらいモノ」「あまり見たくないモノ」の場合，また何か困ったこと，悩んでいることが相談内容ならばなおさらである。

そう問いかけられている人物は，頭のなかでその状況／シチュエーションを想定する。「私（相談者）」がこちらにいて，向こう側に経験内容が見えている。相談者は，キャリアカウンセラーの問いかけによってこのような状況を描いて考える訳である。

「そんなとき，息子さんにはお母さんがどう見えてるんでしょうか？　どう思われますか？」という問いかけ例では，相談者に「息子の目から観たときに，相談者（自分）がどう観えるか」を問いかけている。つまり相談者に内省を促している。

■この技法のポイント

　客観視を促す問いかけは，意図的関わりである。問いを繰り出すキャリアカウンセラーも「わざとらしさ」を感じ，この種の技法を「使いにくい」と感じるかもしれない。しかし，タイミングよく，効果的に行われれば，経験の意味を考える機会となり，深く自問自答を行うきっかけになる。

　その問いもその他のキャリアカウンセリング部分と同様，自然に出るように「心がける」必要がある。

　自然にこの問いかけを行うためには，その前にやるべきことがある。キャリアカウンセラー，相談者双方にとって話されている情景が明確になっていることが必要である。

　相談者は自身が経験したことであるが，キャリアカウンセラーに話しながら次第にそのときのことをより明確に思い出し，相談者自身も自身が経験したことを改めて「描く」ことになる。お互いにその情景が見えてくる，そんな準備が整った上で先ほどの問いかけが有効になる。

　客観視は相談者が自分自身を振り返る，経験したことの意味を明確にするために重要で，キャリアカウンセラーはやりとりのなかで「経験を鏡にする」ということを意識していなければならない。重要なことは，相談者が経験したことをそのときの気持ちもあわせて聞きながら一緒に情景を「描く」，という「心がけ」である。

⑤技法５：「経験に名前を付ける」技法

　この技法は，技法4「客観視を促す問いかけ」のひとつであるが，趣が大きく異なるために独立したひとつの技法とした。

　「経験に名前を付ける」とは，キャリアカウンセラーからの問いかけの内容を指している。つまり，キャリアカウンセラーが相談者に，相談者が語った経験に「名前を付ける」ことを促すことを指す。

　この技法は，第II部・第1章で示した「B-4：経験に意味を語らせる（内省を促す問いかけ）」に対応した技法である。

　先に示した「『勉強嫌いな息子』——キャリアカウンセリング編」の**CL10**「……あの，そうじゃない話のときは，あまり返事がないので。で，どうなのって，こう聞くと，なんか逆ギレしたりするんでですね」という相談者の応答に対して，「逆ギレしている息子さんをご覧になったときのお母さんの経験に名前を付けるとしたら，どんな名前になりそうですか？」という問いかけ表現が考えられる。

③ 「勉強嫌いな息子」──スーパービジョン編

① 事例を読むにあたって

　大変長い逐語録である。キャリアカウンセリング編と見比べながら，一旦全体を通してお読みいただきたい。

　キャリアカウンセラー，相談者，それぞれに注意していただきたい応答に対してコメントを加えた。スーパーバイザー（SVor）に対するコメントは，S-SVとして読者のみなさんが，自身のケースを検討する場合は，特に参考にしていただけるものと思う。SVorを目指される方ならばなおさらである。

SVor＝スーパーバイザー／SVee＝スーパーバイジー

番号	逐語録	SVeeとSVorへのコメント
SVor1	逐語録を拝見させていただきました。ありがとうございます。	逐語録から割愛されているが，この前にSVとはどういうものかという，SVを開始する際のセットアップの話がある。
SVee1	はい。よろしくお願いします。	
SVor2	よろしくお願いします。あの，逐語録を取っていただいて，改めて今日を迎えて田中さん（仮名）としては，どんなスーパービジョンにしていきたいとか，改めて思っているとか希望はありますか？	
SVee2	そうですね，よく指摘されたり，自分でも思うんですけど，なんか相談者の何かちょっと強い感情に触れると，ちょっと及び腰になるというか，あの，そこを避けていくような，あの，そういうなんか癖があるようなんです（はい）。で，どうしたらもっとこう踏み込んで遠慮せず聞けるのかなというところを，あの，何とかしたいなと思っているようなところが，いろいろ	

	あるんですけど，一番の課題としてそれがあります。あと，経験の再現ですよね。あの，再現すべき経験というか，相談者の方が話したいと思っている経験をつかむのに，一通りバーッと聞いてしまうんですけれども，そうこうしているうちに15分過ぎてしまうということがあるので，どういう風にしたら再現すべき経験をつかめるのか，つかみどころというか，そういうのがはっきりしたらいいなという風に思っています。	
SVor3	はい，そうなんですね。それはあれですよね，こちらの所感というか，最後の表のページにも書いていただいたところとつながるところですかね（そうなんです）。そこも一緒に検討できたらいいなと思います。	SVeeが最も気にしている「強い感情に触れると及び腰になる」という部分を避け，再現すべき経験を取り上げた。「強い……」が再現すべき経験に関係していると判断したのかもしれない。
SVee3	はい，お願いします。	
【経験代謝メカニズムに沿った「評価の視点」（レンズ）】🔍A「経験の再現」 🔍A-2①「再現すべき経験」		SVeeはSVで検討したいテーマ「及び腰」について言い出せないでいる。
SVor4	今，最後のほうにおっしゃっていただいた再現すべき経験のところなんですけれども，つかみどころがちょっととおっしゃっていましたが，田中さんは，再現すべき経験をどのようにとらえていらっしゃるのですか？	
SVee4	えっと，そうですね，あの，相談者が話したいと思っている一番のところかなという風に思っているんですけれども，一番その経験で印象に強く残っているところとか，	SVorが問いかけ，SVeeが応えている場面。SVeeの応えがそれでよいのかどうかSVorが評価を示すべきだっ

	あの，そういうところかなっていう風なことをちょっと思っています。	た。SVeeの答えた「再現すべき経験」の概念は，おおむね正しいが，「相談に来るきっかけとなった経験」という内容をSVorが補足したほうがよかった。
SVor5	じゃあ，この相談者は話したいところはどこかな，というところを探りながら聞きはじめて，15分経ってしまって「あれ？」ということがあるということですか？（そうなんです，はい）あの，今この逐語録で15分の部分を取っていただいていますけれども，まとめのところで，子どもとの会話が，息子さんとの会話が再現すべき経験だったのかなと書かれていらっしゃいます（はい）。あの，今どうですか，この方は何をこう，もやもやというか，何をこう話したいなと思って来ているっていうのは，同じく息子さんとの会話かなという感じですか？	

【技法3「相談者に対する感情」技法】

相談者の言葉にSVeeの感情が反応しているが，SVeeは，まだSVのこの時点ではそのことに気づいていないようだ。

SVee5	そうですね。自己概念の影として私が一番強く捉えたのが，勉強というところです。とにかく最初から勉強という言葉が何べんも出てきた。どうして勉強勉強って言うんだろうと面談をしたときに思ったことなんですね。でも，逐語録を起こして冷静になってみると，相談者の方は息子さんとの会話がどうも成り立たないとか，あの，そ	相談者の「勉強が勉強が……」の言葉がSVeeの印象に残っているとのこと，SVeeの何らかの感情が動いたのではないか，と思わせる表現である。

	ういうことを勉強の間にちょっとおりまぜておられるところがあって，もしかしたらここだったんじゃないかなと逐語録を起こしてから後に思ったんです。	
【技法1「絵のタイトル」技法】		「絵のタイトル」を付けることがSVeeにとってどんな意味があるのか，考えてみよう。
SVor6	そうなんですね。あの，こういう今の2人との会話を，これに例えばタイトルを付けるとしたらどんなタイトルになるかなみたいな感じで，この方が言いたかったことは何だったんだろうみたいなことを考えることがあるのですが，この逐語録で，この相談者のタイトルは何でしょうね？ タイトルをつけるとしたら……。	
SVee6	タイトルですか。はい……えっと（何か割とですね，最初のほうに相談者の方がおっしゃったりすることに，そこが出てくることが割と多い）。タイトルは，短く言えば，息子ということですかね。息子（息子。笑い）。文章にしたほうがいいですかね？	「会話ができない息子」は，「……息子」が中心になっている。「絵のタイトル」の絵とは，相談者の揺れる自己概念なので，相談者が中心となった表現が望ましい。
SVor7	そうですね，どういう息子なんでしょうかね？	
SVee7	え～っと，そうですね。会話ができない息子。	
SVor8	会話ができない息子。それ最初のほうではどんな風な，最初のほうのところではどんな感じでその会話ができないというか（最初はですね），相談者の使っている言葉でいうとどんなところが言いたいところですかね。	何のためにその技法を行うのかを明確に伝えることで，SVeeが案出する方向も定まってくる。案出に入る前に目的をSVorが伝えるべきであった。
SVee8	言いたいことは……何だろう。やっぱり勉	ここでは，「……母」つま

	強をちゃんとしてほしいというところが一番（うんうん），なんか**CL2**とか，**CL3**とかっていうところがそうですね。勉強嫌いな息子を心配する母みたいなタイトルかなと思います。	り「人」に焦点の当たったタイトルが提示されていて，その点に関しては良い。SVorは「……息子」なのか「……母」なのかという点ではなく，どうも「勉強に身が入らない」という内容にウエートを置いた評価を伝えている。「絵のタイトル」の意味合いが伝えられていない。この概念がSVorにとって明確でないのかもしれない。
【経験代謝メカニズムに沿った「評価の視点」（レンズ）】 🔍A「経験の再現」 🔍A-2②「介入の表現」		「再現すべき経験」を促す問いかけができなかったと，SVeeは言う。そこにはSVeeの「及び腰」が関係しているのだろうか。
SVor9	はい，そうですね，その**CL2**とかで勉強とかたくさん出てきますね（ええ）。息子さん自体にこうタイトルを付けたりすると，勉強嫌いとか，勉強，**CL2**のところで最後のほうにこう，どうしたもんかな〜っていう風に相談者が最後のほうで言っていますけれども，何がどうしたもんかな〜と言っていると，身が入らなくてですね，とおっしゃったりしていますね（ええ）。タイトルにしてみると，さっき田中さんがおっしゃったみたいな，勉強嫌いな息子に困っている母っておっしゃいましたっけ（そうですね，心配している母），あ，心配している母とか。息子さん，そんな感じ。この身が入らない，勉強に身が入らないとか，	「再現すべき経験」は，「レンズ」で解説したように"どのような"経験，つまり相談者が語った経験内容である，ここでSVorが提案しているのは，「絵のタイトル」であり，イコールではない。**SVor10**でSVorが言うように「……つながる可能性……」はあるので，その通りであるが，「絵のタイトル」と「再現すべき経験」，それぞれの概念の切り分けが明確でないのかもしれない。

	そこらへんが何となくタイトルっぽい感じがします。	
SVee9	そうですね。身が入らないという言葉は何回も言われていますね。	
SVor10	そうですね。**CL2**のところでも2回くらいおっしゃっていますよね。その身が入らない息子をどうしたもんかな〜ってこの相談者の方はおっしゃっているということですよね（そうですね）。ということは，何か勉強嫌いというか，勉強に身が入らない息子の経験が，この相談者の方にはあるんだろうな〜っていう感じがするというか（あ〜）。そこらへんがもしかすると，タイトルになるくらいなので，何かの経験があって，そこがもしかすると再現すべき経験につながる可能性はあるのかもしれませんね。	SVeeに案（ここでは絵のタイトルについて）を出す方向と目的を伝え，提示された案をSVorはメモし，SVeeが案を出すのに詰まれば方向と目的を再度繰り返し，SVeeがそれまでに提示した案を読み上げ，再度SVeeに考えることを促す，という方法が望ましい。
SVee10	（沈黙10秒）……そうですね。	
SVor11	この勉強が嫌いとか，勉強が身が入らないっていう，勉強に身が入らないという，何か息子さん，そういう風に息子さんを形容される何かきっとあったんだろうな，それがどうしたもんかな〜という相談者の言葉になっているのかなっていうことはどうでしょうかね。	自然な問いかけで良い。
SVee11	そうですね。たとえばここで経験の再現，とにかくずっと最初**CL2**で長く話されたので（はい），ちょっと次の**CC2**で要約していくんですけれども（ええ），あの，なんかこう流れとして（はい），やっぱりこう身が入らなくてどうしたものかな，というところがちょっとどうしても流れていってしまうかな，と思うんですけれども。	再現すべき経験の問いかけができなかった，と言っている。問いかけられなかった何か，を伝えようとしているのかもしれない。「及び腰」と関係しているのかもしれない。

SVor12	流れていってしまうというのは？	
SVee12	あ，相談者の話にその後こう流れていっているような感じなので，えっと，ここで例えば再現すべき経験を促すような問いかけとしたら，何か，「どうしたものかなと思っているようなことがあったんですか」っていうふうな問いかけになるのかなと思いながら。	
SVor13	それもありかもしれませんよね。何かそういう風にどうしたもんかなと思う何かがあったんですか，って聞いてももちろんいいかもしれませんよね。そうすると何かお母様は思い出される場面がきっとあるのかもしれませんよね。身が入っていないよ，みたいな（そうですね）。そうするとこう，一緒に経験を見ることができるのかもしれませんよね（そうですね）。そうすると田中さん，相談者の方の言葉をすごく大事にされて，気持ちも大事にされて聞いていらっしゃる感じがしますよね（そうですか）。ええ。なのでまぁ，最初におっしゃっていた再現すべき経験というのをどういう風につかんでいったらいいのかな，と最初におっしゃっていましたけれども（ええ），大体何か，相談者の方って，こう話したいって思っていることを最初の方に割とおっしゃる。だからそこをヒントに，それってどんな経験をされているのかなとか，何を思い描いて，そんな話をされているのかなっていう風に聞いていくと，もしかするとつかみやすくなったりとか，経験が見えてくる可能性がはあるのかな，っていう風に思いますが。	SVee12の「……思いながら」というニュアンスにSVorは注意を払っていない。 SVeeは「問いかけになるのかな……」と“今”考えてそう答えている。しかし，ケースのなかではそうは問いかけなかった。 SVorは，SVeeにケースのなかではそう問いかけられなかったことをここで取り上げてもよかった。 SVorは，経験の再現の効果，必要性について語っている。そのこと自体，提示のタイミング，内容は的確である。 このあたりのやりとりで，SVorが提案した「タイトル（絵のタイトル）」の一旦の区切りであると思われるが，SVeeに案を提示することを求めたので，一旦SVeeが提示した案に対する評価

		を明確に示すべきであった。
SVee13	そうですね（はい）。最初の相談者の言葉に対してそう言われたら。	SVeeは，相談者の「自己概念の影」を感じながらも問えなかった。「再現すべき経験」を促す必要性は認識しながらできなかった……なぜだろうか。

【経験代謝メカニズムに沿った「評価の視点」（レンズ）】

🔍A 「経験の再現」

🔍A-2① 「再現すべき経験」

SVor14	そうですね。さっき田中さんがおっしゃったみたいな感じで，経験の再現を促してもいいんじゃないかなと思いますね。	
SVee14	じゃあ，最初のほうに言われるところに，再現すべき経験が含まれているというような傾向があるということで聞いていったら，もしかしたらつかめるかもしれませんね。	「レンズ」のA-2「再現すべき経験」を参照。
SVor15	そうですね，まとめのところでどんな風にアンテナを立てていったらいいのかということをおっしゃっていますけれども，最初の発言なんかはつかみやすくなるんじゃないかな。「え，それって？」「何も身が入らないって，どういうこと？　どんな意味合いで言っているんだろう？」ということで聞いてみるとつかみやすくなったり，相談者も，「あ，それが私の話したかったことだ」という風になる可能性はあるかもしれませんね。	
SVee15	そうですね。例えば，とにかく長く話されたので自分で，その，なんというのかな，高1だとか野球してて，とか，勉強に身が	SVee12で，SVeeは何かひっかかりを述べているが，ここでの（沈黙）後の

	入らないので進級も心配だとか，ちょっと自分で整理するために要約しているようなところも**CC2**ではあるんですけれども，あの，なんだろう，何か，そうなると……（沈黙）ちょっと何かつかめないかな，みたいな。何だろう。	「……何だろう」も同様の気持ちの揺らぎを感じさせる。ここまでのSVの流れは，SVeeの問題意識がやや置き去りにされながら進んでいるのかもしれない。
SVor16	でも，要約されてますよ。きちんと要約されていらっしゃったんだと思うんですよね。合っているかな，っていうことで要約されたっていうことですね（ええ）。なので，田中さんのほうでもこういうことなのかな，勉強嫌いなのか，身が入らないのかということをつかんでいらっしゃって，そこをまとめていらっしゃるのはいいと思うんですね。でそれが……。	SVorは，SVeeの介入（要約）を承認し，動機づけようとしている。**SVee15**で示した（**SVee12**も同様かもしれないが）気持ちの揺れを受け取っていない。
SVee16	その後に（ええ），最初の再現すべき経験というところに，あの，質問を続けたらよかったっていう感じでしょうね？（そうですね）自己概念の影とは，繰り返す言葉とか（ええ），特徴的な表現であるとか，あの，語られなかったこととかっていうのを習ったんですけれども，再現すべき経験っていうのは最初のほうに相談者は再現すべき経験を話す傾向があるということなんですが，その，この長い**CL2**のなかで，どこを取ればいいのかっていうのって，なんかこう，こういうところを取ればいいんじゃないかなっていうのがあれば，教えていただきたいんですけれども。	SVeeは，**CL2**（カウンセリング編）のなかに相談者の「自己概念の影」を感じたのかもしれない。そこを捉えることができなかった。それが「及び腰」につながっているのかもしれない。 SVeeは，**CL2**のなかでの「自己概念の影」を問えなかったことが「再現すべき経験」を促せなかったのではないか，と言いたいのかもしれない。それが「及び腰」につながっていることを想像させる。
SVor17	**CL2**の話ですか？（はい，**CL2**です）あの，どういうところというか，さっきおっしゃっていた勉強嫌いとか，身が入らない	SVorは，ケースにおける「自己概念の影」そのものに関して話題にしようとし

のも2回とかおっしゃっていますね？　あの，なんか相談者の方の……田中さんはこの相談者の方の自己概念の，勉強というこ とがすごく気になっていたとおっしゃっていましたけど。これは相談者らしいなとか独特の表現だなというのは，ほかにもありましたか？

ている。SVeeが「すごく気になっていた」と認識している。しかし，それについてSVeeは相談者に問いかけていない。そのことについてSVorは触れていない。

SVee17	えっと，勉強嫌いでって，なんか決めつけるように言ってるなって思ったりとか（ああ），あと，進学って，高1で進学とか進級っていうところがちょっとドキッとしました（ああ）。あの，それってちょっと大変なことなのかなっていう。あの，でもそんなに大変なんじゃないのかなって最後まで聞いたら，お母さんが普通に心配していらっしゃるのかなって思ったんですけど……（ええ）なんか，えっと，自分のなかで進学できないとか進級できないというのは大きい問題として捉えてしまうので，そっちのほうに意識が行ってしまって（なるほど）。だから再現すべき経験として，「進学できないってどういうことなんですかね」っていうような（うんうん），ことを漠然と思っていたところが，この**CL2**であります。	SVeeが，自己一致せずに語っていることを推測させる（論旨が定まっていない）。
SVor18	なるほど。田中さんとしては，進学とか進級っていうことがすごく重く大きく感じて，そこから何かあるのかなって思ったんですね。たしかにそうですよね，進学とか言われたら，高校1年生なのに，ってなりますよね。	
SVee18	すごく大変ですよね，ただ勉強嫌いでっていうだけじゃなくて，進級できないって息	SVeeは，そのとき（実際のキャリアカウンセリング実

	子さんの人生に関わることなので（笑い），そっちのほうにすごく心が傾いたっていうのがあって，その，度合いやレベルがどんなんだろうって，それをまず自分のなかで推し量ると，そう思ったんじゃないかなと思います。	施時）の感想を素直に語っている。このSVeeの発言は，相談者より，むしろ相談者の息子に関心を寄せているのではないかと想像させる。
SVor19	なるほど。CC2のところで要約しながら心配もされてらっしゃるという言葉でおっしゃっているということですね（ええ）。CC3では何とか上がれると思うんですけどということで，それはそこまでっていうことがわかりますものね。	
SVee19	そうなんですけど，でも最後途中で赤点とか言われて（ああそうですね。その後で出てきますね），話を聞きながら私の気持ちがこう，上下するような（笑い），大変だね，ああそうでもないんだ，でも大変だね，みたいな（なるほど）。あの，再現すべき経験とか，どうなんだろう，どうなんだろうってずっと思いながら，話を聞いていたというところがあります。	ここの発言も，SVeeの意識は相談者の息子に傾いているように思われる。
【技法3「相談者に対する感情」技法】		ここでは，相談者のどのような感情に触れたときに，SVee自身がどのように反応するのかを理解することが必要であると，SVorがSVeeに伝えようとしている。
SVor20	そうなんですね。それは田中さん自身の傾向というか，例えばちょっと強い言葉が出たりとか，さっきご自身でも，強い感情が出ると及び腰になってしまうとおっしゃっていましたけど，「あ，自分にとって大丈夫かな」という言葉があると	ここは，SVeeに対して自身の感情の動きを知ることも相談者の自己理解の促しに"使える"という意図がSVorにあったのではないかと推測するが，この推測の下に

そっちに意識が行っちゃうというところがあるんだなというところは，ご自身でもつかまれていらっしゃるということですね？（はい）それは別に悪いことではないので，それもありながら，かつ，相談者も何回かおっしゃっている言葉とかも両方聞いて，あ，それはそうでもないんだなと言いながらもいくつかつかむという，そういう風にされると，あ，違う，こっちじゃない，という感じはあるのかもしれませんね。おっしゃっていた赤点のところ，**CC7**で，「点数が低い点でびっくりされたんじゃないですか？」で，次のところで相談者の方が「さすがに高校は中退してほしくないかな」ということで，すごく中退という言葉に反応されていらっしゃいますもんね（そうです，ここでへえってびっくりして）。そうですよね，で，赤点の話が出ましたが，**CL9**のところで，「あのときどうだったのかな，赤点が2つくらいあったのかな」というところで，「くらい」という表現を使われていて，私はそのくらいのお母さんの受け止め方だったんだな，と。例えば「2つもあった！」とかではなく，「2つぐらい」とおっしゃっていて，お母さんは赤点と思いつつも，2つぐらいとそんな風に思っているんだなぁというのはあったんですけれども。

これは，良いコメントであると言える。
この**SVor20**では，はじめに「及び腰」のテーマに触れているが，途中から「赤点」に関してSVorの受け止め方を示し，相談者の強い感情の現れではないのではないか，と言おうとしている。つまり，SVeeが感じたほど，相談者は大きな問題とは思っていないのではないかと，SVorはSVeeの認識を正したいのではないか。

SVee20 そうですね。ただ，私がここで思ったのは（はい），なんていうのかな，本当は言いたくなかったのかもしれないなと（なるほど）。だからあんまりこう，なんていうのかな，はっきり言いたくないのかなと思っ

<table>
<tr><td></td><td>て（なるほど）。あの，聞いていたという感じで（ああ，なるほどなるほど），そんな感じが伝わってきたんですね（なるほどなるほど）。だから今まで勉強勉強ってすごくはっきりと，オープンキャンパスにどうのこうのって，すごく熱心に詳しくご存知なのに，赤点だったのは言いにくかったのかなと。</td><td></td></tr>
</table>

【経験代謝メカニズムに沿った「評価の視点」（レンズ）】
A-2① 「再現すべき経験」

SVor21	ああ，そうなんですね。そういうのもあるのかもしれませんね。ああ，そうかそうか，なるほど。あ，ごめんなさい，ちょっと話が飛んじゃいましたけど，田中さんとしては，最初に自分が話にあっと反応する言葉があるとそちらに思いがすごく動くんだけれども（はい），ええと，でも，ごめんなさい，話が戻ってしまうけれども，この相談者も**CC2**のところで進級も心配されている，というところで，あの，「上がれると思いますけれども」と**CC3**のところで，「でもなんかお母さんがそんな風に感じていらっしゃるんでしょうか」みたいな，経験を再現されることは聞いていらっしゃいますね（はい）。なので，この勉強嫌いというところは田中さんもしっかり捉えていらっしゃって，それが何かあったのかなというところで聞かれているなと思うんですね。だから，「こんな感じ？」は経験の再現を促す問いかけだと思うので，やっぱり最初に……。	テーマが「及び腰」に行きかけるが，そこには今は触れず，経験の再現に戻している。
SVee21	どうですか，この**CC3**は，まあ感じていることを聞いて……。	

SVor22	うん，そうですよね。あの，感じていることも，もちろん経験の再現ですし，何かこう，勉強嫌いとか，あるいは身が入らないとか，何かそれを経験をされているので，そこを再現する問いかけをされると，もっともっとありありと経験が見えてくることになるのかもしれませんね（沈黙7秒）。でも，問いかけによって，**CL4**のところで，まあ語っていらっしゃいますよね？（ええ）はい（沈黙10秒）。例えば**CC3**のところで（はい），「感じていらっしゃるんでしょうか？」って，こう促しをされていらっしゃいますけれども（はい），ここでもっと経験の再現を促す問いかけをしたら，どんな問いかけができそうな感じですか？	「感じていることも……」は，このコメント自体はその通りであるが，これが**CC3**の介入を指して述べたのならば違う。**CC3**の問いかけは，相談者に息子の勉強嫌いの根拠を確認している。経験の再現の意図は，ないように感じられる。SVeeは，SVorのコメントに対し，たびたび沈黙している。SVeeは，SVorのコメントを受け止めきれていない。何かSVeeとSVorとの間でベルトが掛かっていない様子が感じられる。SVeeのなかでは，「及び腰」が気になっているのではないか，と推測する。SVorは，「問いかけ技法」を使おうとしている。
SVee22	（沈黙7秒）そうですね，あの，まあ，息子さんが勉強嫌いって，言われる（うんうん），うーん，なんかそういうことを，少し詳しく話してもらえますか，とか（うん，いいですよね，はい），どうでしょうか（笑い）。	「問いかけ」をSVeeに促す場合，ここでなぜその練習をするのか，その目的，必要性を一旦SVeeと共有したうえで始める必要がある。ここではその共有のプロセスが抜けている。
【技法3「相談者に対する感情」技法】		「息子が反省していない」という相談者の言葉に，SVeeは反応している。それは，SVeeの自己概念が反応しているからではないだろうか。

SVor23	そうですね，そのお母様が使われた言葉で，勉強嫌いって，それって？　と聞かれて促してもいいですね。何かそういう風に思われることが最近あったんですか，とか（そうですね），いいですね。そうすると語るってことを促すようになるのではないかと思います。そんな風に再現すべき経験を促していかれるといいんじゃないかと思いますが，そこら辺どうでしょうか？（沈黙13秒）そこは大丈夫ですか？（はい）はい，はい。勉強とかそのような自己概念が表れているところが気になったっておっしゃっていましたが（はい）……例えば**CL5**のところでも，あ，これ相談者らしいなとか，相談者の自己概念かなと思うところはございますか？	「どのような問いかけができそうですか」と**SVor22**では促しているが，SVeeが出した問いかけ案に対して明確に評価を示さず，SVorからSVor自身の案を**SVor23**で提示している。SVeeに案出を促し，それらについてSVeeに自己評価をまずしてもらい，その後にSVorから評価する手順を踏むことが望まれる。それは，SVeeに「学んでもらう」ためである。 SVorは，SVeeとベルトが掛かっていないことに気づき，テーマを「自己概念の影」に変えようとしているのではないか。
SVee23	（沈黙12秒）えっと，私が聞いていて思ったのが，反省していないっていうか（うんうんうん），そういう勉強嫌いな息子さんが勉強しないっていうことを反省していないって捉えられているのはすごく，あの，この人の特徴的なところかなって，ちょっと思いました（ああ……），私は。	
SVor24	（笑い）勉強もしていないっていうことが，反省もしていないじゃないかって捉えていらっしゃるのは相談者らしいなっていうところなんですね？	
SVee24	私としては，ああ（うんうん），そういう風に思われるんだって（うんうん），なんか，息子さんが反省してないっていうとこ	SVeeは，相談者の息子に対してやや同情的で，それに反して相談者に対してやや

ろが（うんうんうん），あの，勉強の点がひどいということの次に，この人は，なんていうのかな，反省してない訳でも，本当に能力的にできないんではなくて，あの，できる，やればできるのかな，みたいな（うんうん）。勉強してない，嫌いで反省するってなんか，おかしくないですか？（笑い）勉強してなくてひどい点を取って反省するのはわかるんですが（ああ，ああ），もともと勉強嫌いなんですよね？（笑い）言われていて（はい），嫌いなものはできなくて当然だと思うので（笑い），そこを反省しろって言われても，息子さんは困ったろうなって，ちょっと思った気がします。	反感を感じているのではないか，と思われる。そのことについて，SVorはSVeeに内省を促す必要があった。

【技法2「問いかけ」技法】	SVorは，SVeeに「自己概念を一緒に観るような問いかけができたらいいですね」と提案し，SVeeは問いかけ案をいくつか出し，良い展開になってきた。
SVor25 （笑い）田中さんの自己概念が反応しちゃった感じなんですね？（そうですね，そうですそうです）で，ここをすごく相談者らしいなって思ったとして，そこを相談者に観てもらおうと思ったら，どんな問いかけができそうですか？	SVorは，SVeeが息子に同情的なことに気づいている。SVeeも認めている。ここはSVeeにSVorが言うところの「SVeeの自己概念」に気づく促しを行うタイミグであるが，それはせず，「問いかけ技法」の練習に入ろうとしている。
SVee25 そうですね，あの，えっと，息子さんが反省されてないと，お母様はあれなんですかとか（うんうん），どう言ったらいいで	「あれなんですか」と言葉を不明確にしている部分は，「及び腰」を感じさせ

しょうかね？ 反省っていうのはどういうことなのか聴くかもしれないですね（ああ）。息子さんに対する，どういう態度だったらお母さんは納得されるんですか，とか（うんうんうんうん），そういう風に勉強嫌いで，反省してないってどういうことなんでしょうかってストレートに聴くかなあ。言ったほうがいいですかね？ なんかうまい具合に伝えられないんですけれども。

る。
SVeeがもともと話したいと思っていたテーマが課題として取り上げられ，SVeeはどんどん「問いかけ」案を出している。ここでSVeeとSVorの間にベルトが掛かってきたことを感じる。

SVor26 うーん，できれば自己概念が一緒に観られたらいいですよね，お母さんも，あ，私これがこういう風に思っているんだっていうことを。ちょっと自分を観る瞬間ができたら，お互いにそこがこう，関われたらいいですよね？ 今みたいに，お母さんに，お母さんにとって反省っていうのはどういうことですか？ とか，そんな風にお母さんの思い，息子さんに対する思いだけではなくて，そう思っているお母さんを見てもらうために，そういうところがヒントになって（ああ），問いかけができそうですよね。その，全般に，その，そう思っているお母さんってどうですか？ って自分を観てもらうような問いかけが（はい）。自己概念が見えてきたときにできるチャンスだと思うんですけれども（ええ，ええ），今田中さんがおっしゃったみたいに，例えば**CL5**だったら，その，反省してないって，相談者らしさが現れているなって思ったら，そこをきっかけに相談者を観てもらう問いかけをするとか，そうすると，息子さんからお母さんっていうか，この相談者に焦点が

経験代謝理論に沿った良い問いかけである。
「問いかけ」案を求めた訳であるが，ここでも目的，必要性のSVeeとの共有化が不明確である。

SVeeの出した「問いかけ」案に評価を示していて，良い関わりである。

このSVorのコメント内容は妥当である。ただ，SVee

当たっていく感じがしてきますよね。ほかはどうですか？ ほかはどんなところにお母さんの……。

が相談者の息子に抱いた感情に関しては取り上げず，キャリアカウンセリングの焦点の当て方を課題にしている。

| SVee26 | あと，まあ，この，勉強できなくて心配，2年生になれるかなと思ったって（うんうん），あと，笑いながら結構言っているんですよね（はいはい）。後から結構（そうですね），あったんですね。だから，心配って言いながら，なんか笑いながらお話されていますよねっていうことを聞いてもいいかなとは思います。 | |

| 【技法3「相談者に対する感情」技法】 | | SVorは，SVeeの感情に対して，踏み込んだ問いかけをしている。その結果，SVeeは内省に向かっている。ここからの展開は注目に値する。 |

| SVor27 | それは，すごく気になったけど聞けなかった，とまとめのところでもおっしゃっていらっしゃいましたもんね？（そうそう，そうなんですよ）はい。今はそういう風に，あ，笑ってらっしゃるのって……？ って聞けそうな感じ，ですか？ | ここでSVorは，SVee2でSVeeが提示したテーマ（及び腰）を初めて取り上げた。 |

| SVee27 | うーん，それが，なんていうんですかね，相談者の方の，なんだろう，あの，全く知らない人でもないので（あ，そうなんだ），やっぱりあの，ちょっとごまかしたりとか（うん），そういうお気持ちもあるのかなと思って，ちょっと引いてしまったみたいなところがあるんですけれども（うーん），あの，うん，なんだろう，えっと，そういう風に笑いながら気を遣っていらっしゃる | |

のかなと思ったら，せっかくそういう風に笑ってごまかしていらっしゃるところを，スタンスを，バンとこう，聞くのは悪いんじゃないかっていう風に（ふーん），気まずい思いをさせてしまうんじゃないかって，なんかそういう風に無意識に思ったんじゃないかなって思います。でも，後からやっぱり逐語録を聞くと，やっぱりちょっと笑っているので，まあ，久しぶりにお会いした方でもあったんですけれども，そこら辺がどうもなんかあの，普通のカウンセリングだったら聞くかもしれないんですけどね。でも，もしそういう風に，せっかく，あの，一生懸命取り繕おうとしていらっしゃるのを，自分の問いかけで，気まずい思いをされたら嫌だなっていうのが私のなかに，ずっとあるんですね。そういう癖があって，だから一方こう，踏み込めない，みたいな感じがありますね。だから，自己防衛されている人なんかを見ると，特にそうなっちゃう感じもあって，で，なんか傷つけたくないとか，うーん。なんか「私，こう感じるんですけど」って言ってすごく嫌な顔をされると，あの，その場を取り繕ってしまう自分がいたりするんです（ふーん）。それをどうにかしたいんです。どうしたらいいんでしょう？（笑い）

SVeeが当初から話したかったテーマが話題となり，SVeeは自身のキャリアカウンセリングの傾向について「気まずい思いをされたら嫌だなって言うのが私のなかに，ずっとあるんですね。そういう癖があって，だから一方こう，踏み込めない……」と自己開示している。

SVor28　気まずい思いをさせてしまうことは，その人の自己概念の成長には邪魔になりますか？

SVorは，踏み込んだ問いかけをしている。SVeeの内省を促すには，大変良い問いかけである。
このようにやや踏み込んだ表現が，内省を促すために

効果を発揮する場合がある。ただ関係性に配慮が必要になる。この場合，SVeeとの関係ができた，との認識がSVorにあったものと思われる。

SVee28	そうですね，あの，えーと，たぶんそこが一番，あの，際立っている自己概念の影でいらっしゃると，私があの，そういう風に踏み込むと，いけないんじゃないかと考えるところが，後から一番，自己概念の影の際立っているところかな（ふーん），って思う（ふーん）。思い当たることがあるので。なんでそう，そういうところでしり込みをすることがあるんだろうと思ったりはします。	SVeeは内省しようとしている。
【技法3「相談者に対する感情」技法】		SVeeの内省が続き，相談者の「顔色を見ちゃうところが……」「顔色を窺ってる感じ」など，SVeeの独特の表現が現れてきている。
SVor29	ふーん，じゃあその一番自己概念の影が現れるので，自己概念の影を一緒に観ることで，その成長につながったりとか（そうですね），自分を改めて観ることにつながることに，ちょっと恐れを抱いてしまったりする（そうそうそう，そうなんですねえ，なんかそんな感じです）。それは……（キャリアカウンセリングじゃないですね？（笑い））それは実際にわからないんですね？　気まずい思いをさせてしまうかもしれないし，あれ，そういえば私なんで笑っているんだろうって，ふっと自分を振	

	り返るチャンスというか，機会になるかもしれない訳ですね（まあそうですね）。それをどっちかわかんないけど，気まずい思いをさせちゃうかもって止めちゃうのはどう思われますか？	核心に触れる良い問いかけである。
SVee29	そうなんです，そこなんですよ（ああ）。踏み込めないんです。だから，勉強会でもRPをしても，あの，やっぱり，そこを突かれたりすることがあります。なんであのときもう一歩踏み込んで聞かなかったのとか，あの，そう，顔色を見ちゃうところがありますね。	「及び腰」とともにSVeeの独特の表現である。「及び腰」とともに「顔色を見る」も，SVeeのキャリアカウンセリング観がわかる発言と言える。経験代謝の考えに沿った言い方をすれば，「顔色を覗う」は自己概念の否定的表現である。「顔色を覗う」「及び腰」は，SVeeにとって「自己概念が揺らぐ」経験であることが想定される。
SVor30	ふーん。例えば，あの，ちょっと，今一歩踏み込めない自分がいるんですっておっしゃった田中さんですけれども（はい），一歩踏み込めない自分を観たらどうなりますか，って私が聞いたら傷ついちゃう感じですか？	
SVee30	いや，傷つくような感じではないです。	
SVor31	ああ。じゃあ，ちょっと一歩踏み込むと傷つけて止まっちゃうご自身は，どんな風に観えますか？	
SVee31	えっと，顔色を窺っている感じです。	

【技法2「問いかけ」技法】

SVeeが，相談者に対して気になっていたことを，SVorと共有し，その後SVorが「問い

かけ」の練習を提案した。い
くつかの案をSVorとSVeeで
検討している。SVeeに「考え
る」ことを促す重要なやりと
りである。

SVor32　その，顔色を窺う自分ってなんかすごい，
それこそあなたの自己概念がたくさん見え
てくるきっかけになるとか，そうかもしれ
ませんよね（そうですね，たしかに）。そ
こを素通りしてしまって関わるよりも，も
しかしたら，なんていうのかな，一緒の成
長に関われるようになるのかもしれません
ね（そうですね）。あの，このケースで言
うと，その，ちょっと笑ってらっしゃるっ
ていうのをいくつか練習してみますかね。
ちょっとどんなニュアンスになるのか。そ

「問いかけ技法」を提案し
ている。
の相談者じゃないのでわからないですけれ
「問いかけ技法」をここで
ども，どんな言い方があるのか。もしかし
練習する目的，効果などを
たら何か言い方とか，少しバリエーション
提示している。そしてSVee
とか持っていらっしゃると（ああ，そう
も同意しており，共有化さ
ですね），なんかそのときの思いを素直に
れたことが窺える。
表現できるかもしれないですね。例えば，
笑っていらっしゃるということに対して，
さっきもちょっとおっしゃっていましたけ
ど，ちょっと私を相談者だと思って。あ
SVorが相談者の役割を取り，
の，笑いながら言っているところに言った
シュミレートするのもひと
ほうがいいですかね？　ちょっと聞いて練
つの方法であるが，相談者
習してみますか？（あ，はい，お願いしま
とキャリアカウンセリング
す）どこら辺で笑ったのが気になったとい
をした経験を持つSVeeにま
うのがあればそこをやりますし，どこがい
ず案出させ，今ひとつぴっ
いでしょうね？
たり来る問いかけが思いつ
かないといった場合に実施
するひとつの方法である。

SVee32	そうですね，えっと，じゃあ……CL5の……じゃなくて，赤点のところですかね。CL9ですかね。「うーん，まずいですかね」というところ。	
SVor33	ああ，はい。じゃあ真ん中ぐらいからやったらいいんですかね？（はい）はい，「そうですね，さすがにこれが続くと，あの，3学期の時点で，あの，えっとまあ，全体を通してなんていうんでしょうか，赤点があると，2年生にはなれないんですね。そういう決まりになっているんですね。なので，まずいっていう感じですかね……（苦笑）」。	
SVee33	「なんかでも，まずいな，って言いながら，笑われていらっしゃるんですけれども，それはどうしてなんでしょう？」っていう感じはどうですか？	
SVor34	ごめんなさいね，私はご本人じゃないので。でも私は全然，あ，本当だ，私，笑ってるって，とか。	
SVee34	「まずいなって言いながら笑っていらっしゃいますけど，どうしてですか？」とか（うんうん）。そういう聴き方ですかね？	
SVor35	ええ，そうですね。それもいいですね。あと，もしかしたら理由が答えられない場合もあるかもしれませんね。どうしてって聞かれて。だから，「まずいなっておっしゃりながら，でもなんか今，笑っていらっしゃいましたね」とか（ああ，単に見たことを言うとか……）。だったら，どうですか？　そんなに負担はなさそうですか，田中さんにとって？（そうですね）私が相談者だったら，一緒に共有できる感じがする	ここでも，SVorが自身の案を提示している。

	かなって。あ，本当だ，私，笑ってる。でもこの人その笑っていることを，この人受け止めてくれてるって。評価とかじゃなくって，批判じゃなくて，笑ってる私を見てくれてるって感じがします（そうですね）。それってすごく自分を観るいいきっかけになりそうですよね。言い方が変わったら，少し田中さんの気持ちが変わりそうですか？	「問いかけ技法」実施後の感想を聞いていて良い関わりである。ケースで行った介入と，こうして練習で実施してみた後の違いについて都度SVorは問いかけるべきである。
SVee35	そうですね，やっぱり言い方のバリエーションもありますよね？（ああ）やっぱり問いかけないといけないという，思い込みみたいなのがあったりするので（ああ，なるほど），どういう風にうまい具合に問いかけたらいいんだろうって（ああ），そういうのがここら辺の片隅にあるみたいです。	SVorが「言い方（問いかけ方）のバリエーション」と言ったためか，SVeeは，バリエーションに意識が行っている。
SVor36	そうなんですね。あの，さっきみたいに聞いていただいてもいいですし，あの，問いかけが文章で質問になっていなくてもいいのかもしれませんね。あ，まずいな……でもちょっと笑っちゃう感じ，ですね，とか。何でもいいと思うんですよ。たしかに私はまずいって思ってる，でも笑ってる，というところを，今一緒にいますよっていう感じが，伝わっていけば，それが相談者にとって問いかけになって，ふと，あ，そうかっていう感じになりますね（そうですね）。それが最初，始める前におっしゃっていただいた，及び腰になっちゃって，踏	このような確認は重要である。ここでも，SVorはSVeeの感情を省みる方向ではなく，やや技法的になっているように思われる。

み込んで遠慮せずに聞けたら……というところにつながっていきますか？（はい，つながります）ほかにも，このケースのなかで，「本当はここ聞きたかったけど及び腰になっちゃった」ところってありますか？

【技法3「相談者に対する感情」技法】	SVeeは自身の感情を客観視し，「及び腰」の背景にある感情を，SVorと一緒に観ているようだ。
SVee36	そうですね……（確認10秒）あとやっぱり，こう，なんかこう話を聞きながら（はい），あの，共感もすごくしているんですね。息子が勉強しないっていうことに対する，あの，心配っていうのも。私も息子が2人いますので，そこはすごく共感はするんですが（うんうん），反対に，あまりにも勉強勉強と言われることに関して，ちょっと反感みたいなものも自分のなかで感じていたんです。だから，なんでそんなに勉強勉強って思われるんですかって，普通だったらストレートに聴くんだと思うんですね。普通の友達との会話だったら。なんでそんな勉強勉強って言うの？　って。でも，ものすごく遠回しに，遠回しに言ってるなっていうところも，やっぱり自分の感情っていうところに捉われていて，うまい具合に普通に聴けていないなっていうのをすごく感じました。

(右段) SVee36は，重要な会話である。ここまで，SVorとやりとりを続けてくる過程を通じて，SVeeが内省したことにより認識できた内容を開示している。

SVee自身の子ども（2人の息子）に対する感情の，相談者の息子への投影。同様に相談者への投影が語られている。SVeeが内省的な人物であることが窺える。「……感情っていうところに捉われていて……」，自身の相談者への感情をやや

		否定的（どう扱えばいいのかわからない）に捉えている。
SVor37	その，勉強勉強って言ってるなあって，すごく思ったところは，このケースのなかではどこら辺ですかね？（最初からですね）最初から？	
SVee37	**CL2**から，勉強が嫌いで小学校からとか，勉強を教えるのが大変だったんですけれども，って言われるので（うんうん），ちょっとそういう，あの，なんていうんだろう，能力的にそういうレベルじゃないんだろうかっていう，思いながら聞いていて，でも塾も行きながらっていうことは普通なのかなって。まあ**CL2**ですけど。えっと，野球で高校に入ってって言われて，でも進学大丈夫って，学校が，しっかりしたちゃんとした学校みたいで，お母さんも勉強熱心で，なんかすごいなあって思いながら最初聞いてたところがあるんですね。で，やればできなくはないんですけれど，って相談者さんが言ってらして，でも，勉強嫌いって自分で思っちゃっていて。で，**CL4**も試験以外で宿題もね，学校で出てないんですよって。うーんって思いながら。まあ，そういう風に机に座って勉強のようなことをしていたらお母さんは安心されるのかな，って。なんか教育ママみたいなイメージが**CL4**のところまでは私に植え付けられたみたいなところもあって，で，いわゆる，後から思ったんですけれども，反感なんですよね。そんなに勉強勉強って言わなくても，そのうちやるんじゃないの，と	SVee37は，SVee36に続き，もっと率直に具体的に自身の感情について語り，「感情をどういう風にすればいいのか……」と直球でSVorに問いかけている。

か，男の子なんだし，という自分がいたりして，そんなに勉強勉強って言われたらやりたくないよね，とか。そういうそのときに感情とか，どうしてそんなに勉強って思われるんですかとか，お母さんにとって勉強ってどういうことなんですかって。あの，まったくこうストレートに聴けていないんですよね。そこが私の癖かな，と。その笑っているところを聞けないというのとつながっているな，と思うんです。だから自分のその感情ですよね，自分が相談者と話している感情をどういう風にすればいいのかなという。

SVor38	今お聞きしていて，男の子なんだから勉強しなくても，そのうちするんじゃない，とか，そんなに勉強と言われたら嫌だなとか，そういうことが田中さんのなかに，起こってきたということですよね。それをストレートに聴けないということが起こっていたということですね（そうですね）。私が反感を感じていることを悟られたくない，みたいな。そういうことが，無意識のうちに働いているのではないかということですね。そんな風に言われたら嫌だな，なんとなく反感を感じていた質問だとしたら，もしかすると，相手が感じる可能性はあるかもしれませんよね。反感を感じていらっしゃるから，そう相手が感じるかなと思うと，一歩踏みとどまる感じということですね。	SVorは，SVeeの自己開示を冷静に受け止め，そのことをSVeeに確認している。良い対応である。 SVeeの「及び腰」の背景にある感情を簡潔に述べていて良い。
SVee38	そうですね。	

【技法3「相談者に対する感情」技法】

SVor39	ただ一方で，この相談者の方にとっては，勉強がすごく気になっていらっしゃるということですね。 　田中さんの自己概念のもとに感じていらっしゃることもあるけれども，たしかに勉強と言っていらっしゃる相談者にも，自分を観てもらうことが大事なことですね。ご自身の感情から聞くと，もしかしたら，心配なことがあるかもしれませんけれども，勉強勉強とおっしゃっている相談者を，一緒に観てみよう。何がそうさせているのかなという問いかけをしないと，観るきっかけがなくなっちゃいますね。	SVor29で「気まずい思いをさせちゃうかもって止めちゃうのはどう思われますか？」とSVeeに問いかけているが，ここはそれに対応するSVorの意見のように思われる。
SVee39	そうですね。	
SVor40	そこを，ご自身の感情のもとに聞くのではなく，相談者の自己概念を問いかけることを，ご自身のなかで思えると，感情に引っぱられて聴けない，ということとは違うのではないでしょうか？	「……感情を分けて……」，それを行う必要があるが，SVorがSVeeをリードして行う必要がある。
SVee40	皆さん，どうされているのか聞いてみたいと思ったりします。感情を分けて，反感を持ってるけど，相談者の気持ちを促さなきゃと切り替えて，自問自答を促さなきゃ，と思っているのか。	SVeeは「自身の感情と分けて……」相談者に向き合うには，どうしたらいいのかと，SVorに確認している。SVeeはこの傾向に気づいてきたようだ。
SVor41	ご自身が感じていることはふたをする必要はないと思うんですよね。変にごまかすとおかしいですね。それは，いくつかやり方があると思うんですけれども，なぜ私はあのとき，反感を感じたんだろう，とか，田中さんの自問自答が必要かもしれませんね。	自問自答をSVee自身の努力に委ねるのではなく，ここはSVorがそれをリードしていく力量が求められる（この段階では，このSVorはまだ学習中である）。

SVee41	そうですね。	
SVor42	キャリアカウンセリングのなかで，勉強といっている相談者を，自分を観てもらう関わりは必要だと思うので，気持ちを切り替えるのもありますし，アイメッセージで，勉強と言っている相談者に，私がこんな風に反応している自分がいるんですけれども，素直に言ってみることもできると思うんですね。そうすると，この方はそう思って聴いているんだな。私は，どうなんだろうと，私事として聴けるんではないかなと思うんですけれども，どうでしょう？	アイメッセージで伝える前に，SVee自身の感情を客観視する必要がある。

【技法2「問いかけ」技法】

SVee42	そうですね（沈黙）。ちょっと，自分の感じていることを反感として伝えるのではなく，ざわざわとしているんですけれども，という感じで，伝えながら，勉強勉強と言われているのはどうしてなんですか，という風に，伝えたらいいかもしれませんね。自分の気持ちが落ち着くかもしれませんね。	
SVor43	そうですね。相手の方も，そう言わざるをえないところに，目を向けるチャンスになるかもしれませんよね。練習してみましょうか。いきなり聞いても，何かの流れで聞いたほうがやりやすいですか？	
SVee43	**CL4でもいいのかなと。**	
SVor44	読んでみますね。「そうですね。日頃の生活からも，ほんとんど部活中心なので，試験前以外で，そもそも宿題が出ていないんですよね，学校で。夏休みとか休みになるとどっさり出るんですけど，平日は出ていないらしくて，そうすると，全く勉強して	

ないらしくて，そうすると，全く勉強して
いる節がなくてですね。部活で帰りも遅い
ですし，土日も部活なので，部活が休みに
なるんですけど，夜食べて帰ってきたりす
るので，絶対的に勉強量が，まあ学校には
行ってますけど，それだけという感じなん
ですよね」。

SVee44	「そうなんですね。お母さん，すごく心配していらっしゃるんですけれども，勉強勉強って言葉を聞くと，ざわざわしてくるんですけれども，お母さんにとって，勉強ってどういうことなんでしょうか」というような感じでどうでしょう？	
SVor45	そういえばそんなに勉強って言ってた？と，息子に矢印がいっていたのが，ふっと私に矢印が来ますよね。	SVee44の問いかけを承認している。SVorの感覚で評価していて良い応答である。
SVee45	そうですか。	
SVor46	いいんじゃないでしょうか。	
SVee46	私の気持ちが，揺らいでいるんですけれど，ざわざわしているんですけど，とか，そういう言葉で伝えながら，なぜでしょうというふうに伝えると，自分も気持ちが落ち着きますね。	
SVor47	そうですね。そのときに，そんな風に聴いていただいたらいいですし，またいろんなバリエーションが，私の耳に勉強という言葉が残っているんですけれど，どうですか言ってみて，とかですね。そんな風に伝えてもいいかもしれませんね。実際に今聞いていただいたときは，お母さんにとって勉強って？　と聞かれたので，考えられそうだなと思いましたけれども，どうしてとい	

う言葉もタイミングがあると思うんですよ
ね。どうして勉強っていうんですか，と聞
かれると，答えられない場合があるかもし
れませんね。今みたいに聞かれると，理由
探しじゃなくて，素直に自分に矢印が向く
かもしれませんね。自分の思いも伝えなが
らであれば言いやすそうですか？（そうで
すね）経験の再現は，そこをするために
やっていることですよね。踏みとどまって
聞けたらいいですね。

| SVee47 | そうですね（沈黙）。 | |

【経験代謝メカニズムに沿った「評価の視点」（レンズ）】B：「意味の出現」

SVor48	あと5分くらいあるんですけれども，その ほかにこの人の自己概念だなとか，ここも 経験を聞けたかなというところはあります か？	
SVee48	自分の大きなテーマが，光が見えてきたよ うな感じです。	
SVor49	それって？	
SVee49	自分の感情にとらわれていると思ったとき は，相談者に伝えて，経験の再現を促すと か，意味の出現を促す問いかけをストレー トにしてみるとか。やってみようかなと思 いました。	
SVor50	できそうな感じですか？	
SVee50	はい。	

② まとめ

　実際に行われたスーパービジョンの全逐語録である。ひとつのモデルとして掲
載した。模範的なスーパービジョンであるという意味のモデルではない。しか
し，経験代謝理論をベースに学んだことを果敢に実践しようとしている。学んだ
ことを実践しようとすることが能力向上の第一歩である。その意味から大変良い

モデルである。

「汎用技法」を逐語録の前に掲載している。掲載したスーパービジョンのケースのなかで，それぞれが完璧に使いこなされているとは言えない。個々技法の実践における課題はコメント欄に示した。逐語録とあわせて参考にしていただきたい。

SVorは，SVeeに対して「経験の再現」「再現すべき経験」「（相談者に対する）SVeeのなかで，起こる否定的感情」について触れている。

おそらくSVeeにとってこのスーパービジョンで一番印象に残ったのは，最後の「SVeeのなかで起こる否定的感情」に関する気づきではないかと思われる。SVeeはこのスーパービジョンの最初の段階で自身の課題としてSVorに提示していた。その対処の方向がつかめたとして印象に残ったのではないかと思われる。

しかし，最も重要なことは，キャリアカウンセリングの目的，「自己概念の成長」である。「自己概念の成長」については，SVorもSVeeも，このスーパービジョンのなかで特に意識したやりとりの形跡はない。

息子のことを語る相談者は，何を求めて相談に来たのだろうか。第I部－基礎編で述べたように，相談者は「かわいい自分」が揺らいでいる。「良し，としているモノの見方，考え方」，つまり自己概念に自信がなくなってきている。キャリアカウンセリングの方向をそのように意識していたかどうかが，最大の課題である。

第2章 **1** 「『勉強嫌いな息子』──キャリアカウンセリング編」の後に掲載した「演習」なども参考に，「自己概念の成長」を意識したキャリアカウンセリングの進め方を皆さんもお考えいただきたい。

このスーパービジョン事例のなかにも記したが，再度事例のなかで使われている技法（汎用技法）を確認する。

①技法１：「絵のタイトル」技法

「勉強嫌いな息子」の事例で考えれば，**CL2**の内容から「（息子のことが）不安」というタイトルが考えられる。この相談者（母親）の不安を「絵のタイトル」としてやりとりを進めていくイメージである。

この「不安」は，勉強嫌いな息子に対する不安ではなく，勉強嫌いな息子に纏わる経験に投影されている，相談者自身の自己概念の揺らぎを指す。

②技法２：「問いかけ」技法

　実際のキャリアカウンセラーの振り返りの言葉が入っている事例として，第2章 **3** 「『勉強嫌いな息子』――スーパービジョン編」の事例を参照されたい。

　　　　SVee2「……なんか相談者の何かちょっと強い感情に触れると，ちょっと及び腰になるというか……」

　このようにキャリアカウンセラーは自身の課題に触れている。それに対してスーパーバイザーは，**SVor22**で，「ええ，勉強嫌いって思っちゃってるっていうのは……お母さんがそういう風に感じていらっしゃるんでしょうか……」という介入について「問いかけ技法」を使い，検討を促している。

　技法2における，当該事例でのスーパーバイザーの課題は次のようにまとめられる。

- SVeeが出している問いかけ案のメモを取っていないようである。
- SVorから問いかけ案を出している。
- SVeeの介入と検討後の問いかけ案との比較があいまいである。
- 最後にSVeeに対して「今の気付きを今後のキャリアカウンセリングで使えるか，同様の場面に遭遇したとき，今の気づきを思い出すことができるか」という確認がない。

③技法３：「相談者に対する感情」技法

　「『勉強嫌いな息子』――スーパービジョン編」のなかで，相談者に対してSVeeは自身の感情を述べている。

　　　　SVee36「……あまりにも勉強勉強と言われることに関して，ちょっと反感みたいなものも自分のなかで感じていたんです……」

　そして「……自分の感情っていうところに捉われていて，うまい具合に普通に聴けていないなっていうのをすごく感じました」と語り，自分の感情を上手く扱えなかった，自由になれなかった，と振り返っている。事例のなかでSVorは，SVee自身が感じた感情を恐れずアイメッセージで相談者に伝えることが，相談者の自己理解につながると言い，SVeeもそれを受け入れている。とても良いア

プローチであるが，そこに至るプロセスがここで先に説明した汎用技法とは違うことに注意していただきたい。

　技法4「『客観視を促す問いかけ』技法」および，技法5「『経験に名前を付ける』技法」については，先の事例のなかでは使われていない。

■ 解答一覧

A1. ［妥当解］——

「母親は，息子の将来に責任がある」

「野球は，高校卒業後の息子にとって役に立たない」

「将来の観点から現実を考えるべきだ」

A2. ［設問2-1：妥当解］——

CL15「〔…〕卒業したらどうするのということも含めて（ええ），あの，考えてほしいんですけど〔…〕」

CL17「〔…〕なんか野球で何かこう，何かなるわけではないですし〔…〕野球じゃなかったら何なのかなっていうことも，おそらく，まだ考えたくないんでしょうし」

CL18「〔…〕野球に夢中になって，このまま3年生になるんじゃないかって（笑いながら）。そういう感じがしちゃってですね」

［設問2-2：妥当解］—— 躊躇（息子への働きかけを躊躇している，という意味）。

あとがき

　本書は構成として，「基礎編」と「応用編」に分かれており，内容的には概念部分と，事例を使ったワークブック形式の実践部分に分かれている。当初の予定はこのような構成ではなく，経験代謝理論に関する概念部分とそれに対応した事例で構成するつもりであった。執筆途中で出版社からのアイデアなどを取り入れ，書き進むなかでこのような構成になった。結果，大変良かったと思っている。

　キャリアカウンセリングの目的は何か，その目的に向かってキャリアカウンセリングをどう進めればよいか，そのようなテーマの下に書かれた本は私の知る限りはない。この書籍の出版を契機に，今後この分野の研究に弾みがつくことを願う。

　本書のなかで何度も繰り返しているが，キャリアカウンセリングの目的は何か，そのために目の前の相談者に対してどのようにキャリアカウンセリングを進めていけばいいのか，実践で使っていただけるような内容とすることを意識した。そのためというわけではないのだが，触れることができなかった重要なテーマがある。それは，「社会」というテーマである。

　キャリアカウンセリングは個人を対象にしたアプローチである。しかし，その個々人の背景に社会があり，社会と相互に影響し合いながら生きている。キャリアカウンセリングは個人の自己概念の成長を目的とするが，その個人を通して社会に働きかけるアプローチでもあると考える。我々キャリアカウンセラーが，目の前の相談者に関わるときに，その個人の背景に広がる社会にも意識を向け，社会成熟を促す働きかけを行っているということを，どこかで意識しておく必要がある。それもキャリアカウンセラーの専門性である。

　この本には沢山の事例が盛り込まれている。なかには私の創作もあるが，ほとんどはキャリアカウンセリングの実際事例で構成されている。逐語形式で示されているものはすべて実際の事例である。改めて事例をご提供くださった日本キャリア開発協会のCDA会員の方々に御礼を申し上げたい。本書に掲載した事例以

外にも，その何倍かの事例の提供があった。それぞれの方に心より感謝申し上げる。

　原稿の完成時期は，当初の予定から半年以上遅れてしまった。辛抱強くお待ちいただいた金剛出版の皆様にも感謝したい。特に編集部の浦和由希様，藤井裕二様には，執筆に関し具体的なアドバイスをいただいた。そのために当初私が構想していたものから数段内容が向上した。改めて感謝したい。

　最後に妻の応援に感謝したい。執筆中は一緒に買い物にも行けなかったが，文句も言わず見守ってくれた。心を込めて御礼を述べたい。

　家の家族である猫のアトムにも一言お礼を言ってやりたい。もうかなりの歳になり，あまり膝の上に乗るようなこともなくなったが，かわいい声でイライラした気持ちを癒してくれた。

　最後に，改めて読者の皆様，関係者の皆様に，感謝と御礼を申し上げます。

2019年8月

立野了嗣

[著者略歴]

立野 了嗣 | たつの りょうじ

略歴

日本キャリア開発協会会長，ACDA（Asia Career Development Association）会長。

1953年生まれ。1977年 関西大学社会学部社会学科産業心理学専攻（現：心理学専攻）卒業。

1978年 株式会社日本マンパワー入社。2003年 日本キャリア開発協会理事長就任（～2016）。

2010年 日本マンパワー取締役辞任退社。2013年 NPO日本キャリアコンサルティング協議会会長（～2015）。2016年 日本キャリア開発協会会長就任。

元大正大学客員教授，同志社大学専任講師，明治大学専任講師。

主要著訳書

『「経験代謝」によるキャリアカウンセリング──自己を見つめ，学びを得る力』（単著・晃洋書房［2017］），『「選職社会」転機を活かせ──自己分析手法と転機成功事例33』（共監訳・日本マンパワー出版［2000］）

キャリアカウンセラーのためのスーパービジョン

経験代謝理論によるカウンセリング実践ガイド

2020 年 6 月 15 日　発行
2022 年 7 月 15 日　3 刷

著者―――――立野了嗣
発行者―――――立石正信
発行所―――――株式会社 金剛出版
　　　　　　　〒112-0005 東京都文京区水道 1-5-16　電話 03-3815-6661
　　　　　　　振替 00120-6-34848

印刷・製本　シナノ印刷　　装幀　戸塚泰雄（nu）　　装画　高橋俊充

©2020 Printed in Japan　ISBN 978-4-7724-1763-1　C3011

キャリア・カウンセリング エッセンシャルズ 400

［監修］＝日本キャリア・カウンセリング学会
［編］＝廣川 進 下村英雄 杉山 崇 小玉一樹 松尾智晶 古田克利

●A5判 ●上製 ●456頁 ●定価**6,050**円
● ISBN978-4-7724-1892-8 C3011

日本初 キャリア・カウンセリングの総合辞典！
キャリアコンサルティングに必要な分野のキーワードを網羅した
403項目を掲載！

働く女性のヘルスケアガイド
おさえておきたいスキルとプラクティス

［編著］＝荒木葉子 市川佳居

●A5判 ●並製 ●232頁 ●定価**3,520**円
● ISBN978-4-7724-1852-2 C2034

「成果が上がる健康経営」のための
重要な解がここにある！
働く女性の能力を最大限に活かすために
必要な健康管理とは？

心理職のための産業保健入門

［編著］＝小山文彦

●A5判 ●並製 ●296頁 ●定価**3,080**円
● ISBN978-4-7724-1861-4 C3011

公認心理師，臨床心理士，精神保健福祉士，
カウンセラー必読！
カウンセリングの幅がひろがる！
働く人の健康支援をはじめよう。

価格は10％税込です。

働く人のこころのケア・ガイドブック
会社を休むときの Q&A

[著]=福田真也

●四六判 ●並製 ●272頁 ●定価**2,860**円
● ISBN978-4-7724-1736-5 C3011

産業医経験も豊富で
リワークも手掛けるベテラン精神科医が
働く患者さんから実際に寄せられる
相談・質問に答えた 182 の Q&A ！

職場ではぐくむレジリエンス
働き方を変える 15 のポイント

[編著]=松井知子 市川佳居

●A5判 ●並製 ●244頁 ●定価**3,300**円
● ISBN978-4-7724-1678-8 C3011

現代のストレス社会を生き抜くカギとなる
「レジリエンス」（回復力）を解説。
職場におけるレジリエンス育成の
15 のポイントを紹介する。

Q&A で学ぶワーク・エンゲイジメント
できる職場のつくりかた

[編集代表]=島津明人

●A5判 ●並製 ●192頁 ●定価**2,420**円
● ISBN978-4-7724-1669-6 C3011

働きたくなる職場のつくりかたが
Q&A で今わかる・今できる！
ワーク・エンゲイジメントを高めて，
社員が喜ぶ「働き方改革」を！

価格は10%税込です。